SPANISH 1

A Basic Course in Spanish

BY JULIETA ROWLES

SPANISH 1

A Basic Course in Spanish

By Julieta Rowles

CR Languages LLC
2020

First Printing: 2020

ISBN 978-1-7352792-3-7

CR Languages LLC
1655 W. Fairview Ave., Ste. 117
Boise, Idaho 83702

www.crlanguages.com

Ordering Information:

Special discounts are available on quantity purchases by corporations, associations, educators, and others. For details, contact the publisher at info@crlanguages.com.

U.S. trade bookstores and wholesalers: Please contact CR Languages LLC, Tel: (208) 867-8011, or email info@crlanguages.com.

This book is dedicated to educators of all kinds: teachers, professors, tutors, mothers, fathers, brothers, sisters, leaders, and anyone that shares knowledge. Through their tireless efforts, they truly make the world a better place one student at a time. We must constantly improve ourselves in order to improve the world around us, and without educators, that is impossible.

TABLE OF CONTENTS

A NOTE FROM THE AUTHOR

As a language learner myself, I know how daunting it can feel to learn to speak another language. It seems like you'll never memorize all these words or sort out all of the grammar rules. And the truth is, it's very, very difficult, but you shouldn't get discouraged because that's how languages work, and that's how it is for everyone.

There is a lot of 'advice' people give about the best way to learn a language. They say you have to use flashcards to memorize, you have to immerse yourself, you have to speak, you have to listen and repeat, you need to memorize grammar rules, etc., etc. In reality, there is no one way to learn a language. We have to do all of these things, and because we all learn differently, we have to find the things that work best for us. What might work for one person, won't work for someone else. Our brains learn differently, our personalities influence our speaking, even our native culture impacts how we acquire languages.

I created these books to be adaptable. The books themselves are all in Spanish to challenge you to begin thinking in Spanish, and to teach you how to effectively use a glossary! There is a downloadable glossary on our website, but there are also videos and downloadable PDFs in both English and Spanish, lessons, and exercises. We're striving to make these resources cover all of the bases needed to speak Spanish proficiently.

When I was a little girl living in Buenos Aires, I attended a bilingual elementary school and we used both English and Spanish. I loved speaking English. I would read out loud and record my own voice, I took private lessons, translated anything, and sang till I lost my voice to Bon Jovi's album, *These Days*. I eventually finished school and got a job where I used English for work every day. One would think that when I moved to the United States in 2010, I would have felt pretty good about my English, but I didn't! I still felt uncomfortable in situations, and even now, I learn new things daily.

Learning a language is a life-long endeavor, for anybody! The way people speak a language changes—it can't be completely documented in a course or book. As a language learner, we have to embrace this challenge and fully understand what we're getting into. The most important thing is to never get discouraged!

PARTE 1

El uso de vos y vosotros

Una de las variantes del español es el uso del 'vos' en lugar del 'tú'.

El uso de este pronombre es común en Argentina, este de Bolivia, Costa Rica, El Salvador, Guatemala, Honduras, Nicaragua, Paraguay y Uruguay. Aparece, de maneras algo distintas en Venezuela, Colombia, Chile y Ecuador. También en el norte de México, Colombia, Ecuador, Panamá y Belice, pero su uso en estos países es mucho más limitado. En el Perú, Cuba, Puerto Rico y República Dominicana su uso ha desaparecido.

En países como Argentina, Paraguay y Uruguay el uso del tú ha desaparecido casi por completo.

¿Vos es igual a vosotros? No. En España usan 'ustedes' y 'vosotros' pero en Latinoamérica se usa solo 'ustedes'. Los dos pueden ser traducidos como 'you guys' o 'you all'.

YO

TÚ

VOS

ÉL

ELLA

USTED

NOSOTROS/NOSOTRAS

USTEDES

VOSOTROS/VOSOTRAS

ELLOS/ELLAS

Pronunciación

En el nivel anterior, Intro, cubrimos la pronunciación de las vocales y consonantes. Acá tenemos un repaso con ejemplos.

Las vocales

Siempre se pronuncian de la misma manera.

Letra:	Ejemplos:
A	Ana, amar
E	ese, nene
I	Inés, India
O	oso, ola
U	un, una

Las consonantes

B	bebé, bueno
C	casa, color, cuna, celeste, cine
C + A	Suena como KA
C + O	Suena como KO
C + U	Suena como KU
C + E	Suena como SE
C + I	Suena como SI
D	dedo, diamante
F	fama, fin
G	gato, gota, guapo, guerra, guiso, girasol, gemir
G + U + E	La "u" no se pronuncia cuando está entre la "g" y la "e" y tiene un sonido suave.
G + U + I	La "u" no se pronuncia cuando está entre la "g" y la "i" y tiene un sonido suave.

G + E	Como no hay "u" el sonido cambia y es más fuerte.
G + I	Como no hay "u" el sonido cambia y es más fuerte.
H	hola, ahora
J	jamón, Javier
K	kilo, kilómetro
L	Lucas, loco, lluvia, llamar, llorar
M	madre, mono
N	no, nunca, nada
Ñ	niño, campaña, montaña
P	padre, poder
Q	queso, quince, quien, que
Q + ~~U~~ + E	La "u" no se pronuncia cuando está entre la "q" y la "e" y suena como KE
Q + ~~U~~ + I	La "u" no se pronuncia cuando está entre la "q" y la "i" y suena como KI
R	Rosa, risa, perro, correr, esperar
S	sol, salir, secar, símbolo
T	Teresa, estimar, tratar, todo
V	vaca, valija, enviar
W	kiwi, Walter, whisky
X	xenofobia, taxi
Y	y, yegua, yo, yoga, voy
Z	zorro, zapato, zurdo, izquierda

Ahora vamos a practicar la pronunciación con el siguiente vocabulario.

perro	ahorrar	casa	jefe
guiso	cielo	zoológico	azúcar
Europa	auto	almorzar	guerra
chorizo	cebolla	querer	celos
cuidado	ciudadano	yo	dedo
edificio	seguir	gitano	chau
cenicero	himno	jurar	maravilloso
llovizna	araña	quizá	solamente
chancho	mañana	cuando	causa
pero	zanahoria	almohada	ananá

¡Recuerda los siguientes sonidos!

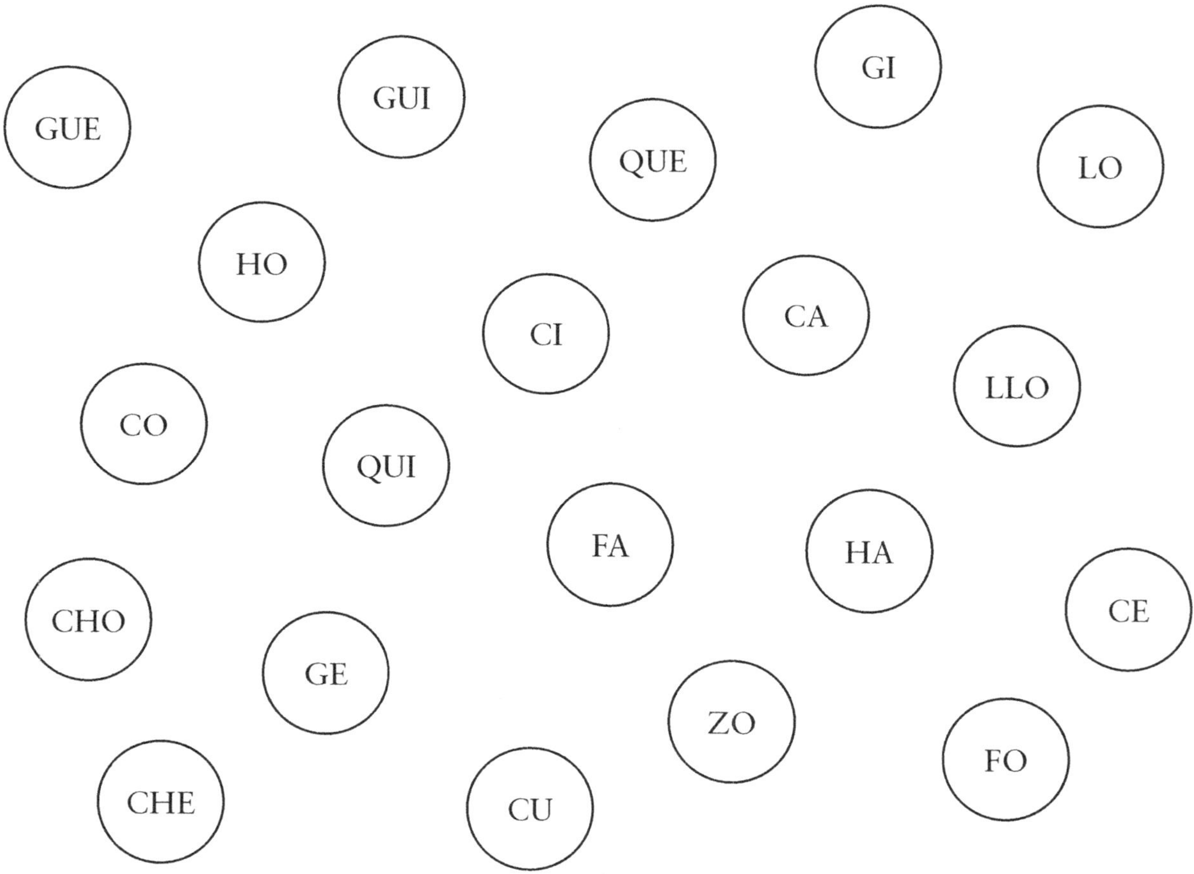

Verbo ser

YO	SOY
VOS	SOS
TÚ	ERES
ÉL/ELLA/USTED	ES
NOSOTROS/NOSOTRAS	SOMOS
USTEDES	SON
VOSOTROS/VOSOTRAS	SOIS
ELLOS/ELLAS	SON

Yo soy argentina.
Vos sos mexicana.
Tú eres colombiano.
Juan es de Argentina.
Él es de Madrid.
Ella es de París.
María es de Portugal.
Usted es francés.
Usted es japonesa.
Nosotros somos norteamericanos.
Ustedes son canadienses.
Ellos son chinos.
Ellas son bolivianas.

> ¡Recuerda!
> Usamos 'ser' con nacionalidad y país de origen y escribimos el nombre de un país en mayúscula, pero la nacionalidad en minúscula.

Completar los espacios en blanco con el verbo ser conjugado en la forma que corresponda.

1. María y yo______________ australianas.
2. Yo ______________ paraguayo.
3. Ellos ______________ de Estados Unidos.
4. Tú ______________ de Ecuador.

5. Mariano ______________ de Italia.

6. Miriam ______________ china.

7. Vos ______________ de Inglaterra.

8. El señor ______________ chileno.

Completar los espacios con los pronombres personales.

1. ______________ soy Telma.

2. ¿Señor, ______________ es Miguel Rosales?

3. ______________ son venezolanas.

4. ¿______________ eres estadounidense?

5. ______________ es de Guatemala.

6. ______________ somos rusas.

7. ______________ somos madrileños.

8. ______________ es mi madre.

9. ______________ es mi padre.

10. ______________ son mis abuelos.

Escribe 6 oraciones similares a las anteriores usando los países y nacionalidades de la página siguiente.

____

____

____

____

____

Países	Nacionalidades
ALEMANIA	ALEMÁN/A
ARGENTINA	ARGENTINO/A
AUSTRALIA	AUSTRALIANO/A
BOLIVIA	BOLIVIANO/A
CANADÁ	CANADIENSE
CHILE	CHILENO/A
COLOMBIA	COLOMBIANO/A
COSTA RICA	COSTARRICENSE
DINAMARCA	DANÉS/A
ESTADOS UNIDOS	NORTEAMERICANO/A
ESPAÑA	ESPAÑOL/A
ECUADOR	ECUATORIANO/A
HAITÍ	HAITIANO/A
INDIA	INDIO/A-HINDÚ
JAPÓN	JAPONÉS/JAPONESA
MALASIA	MALASIO/A
MÉXICO	MEXICANO/A
NIGERIA	NIGERIANO/A
NUEVA ZELANDA	NEOZELANDÉS/A
PANAMÁ	PANAMEÑO/A
PARAGUAY	PARAGUAYO/A
PERÚ	PERUANO/A
RUSIA	RUSO/A
SUDÁFRICA	SUDAFRICANO/A
SUDÁN	SUDANÉS/SUDANESA

Para conocernos

Hola, mi nombre es Patricia.
Hola, yo me llamo Dolores.

Buen día, me llamo Juan. ¿Y usted, cómo se llama?
Me llamo Gonzalo. Mucho gusto.
Encantado.

Buenas tardes, mi nombre es Gabriel.
Hola Gabriel, yo soy Mariana, un placer.
El placer es mío.

Formas de saludo	
Buenos días/buenas tardes/buenas noches.	Hola.
Buen día, ¿cómo está?	Hola, ¿cómo estás?
Buenas tardes, ¿cómo le va?	¿Cómo te va?
Mucho gusto.	¿Qué haces? ¿Todo bien?
Un placer.	¿Qué tal?
Un gusto verla/verlo.	¿Todo bien? ¿Todo en orden?
Un gusto verte.	¿Todo tranquilo?
Encantado/a.	Más o menos. Acá ando.
Muy bien gracias.	Sí, todo bien.
No muy bien.	Bárbaro.
Excelente.	Hasta mañana.
Hasta la próxima.	Hasta el lunes, martes, etc.
Hasta luego.	Nos vemos.
Hasta pronto.	¡Cuídate!
Adiós.	Chau/chao, nos vemos.

Repasemos el verbo 'LLAMARSE'

Pronombres personales	Pronombres reflexivos	Verbo
Yo	Me	Llamo
Tú	Te	Llamas
Él/Ella/Usted	Se	Llama
Nosotros/as	Nos	Llamamos
Vosotros/as	Os	Llamáis
Ustedes	Se	Llaman
Ellos/Ellas	Se	Llaman

Yo	me	llamo María.
Vos	te	llamás Ignacio.
Tú	te	llamas Luis.
Él/ella/usted	se	llama Pablo/Adriana/Ramón.
Nosotros	nos	llamamos Ernesto y Carla.
Vosotros	os	llamáis Ernesto y Carla.
Ustedes	se	llaman Valeria y Carolina.
Ellos	se	llaman Rodrigo y Facundo.

☞ ***Diálogo.***

¿De dónde eres/sos?

Hola, ¿qué tal?

Hola, mi nombre es Ester, soy de España. ¿Y tú, de dónde eres?

Yo soy de Perú.

¿Cómo te llamas?

Me llamo Isabel.

Hola Isabel, te presento a mi hermano Patricio.

Hola Patricio, mucho gusto.

Hola, mi nombre es Josefina.

Hola Josefina, mi nombre es Anabella y él es mi novio Marcos. Nosotros somos de Austria. ¿Y tú?

Yo soy de Argentina.

¿De dónde en Argentina?

De Buenos Aires, ¿y ustedes?

De Viena, pero vivimos en Innsbruck.

Completar.

Hola. ¿De ______________ son ustedes?

Nosotros somos ______________ Canadá. ¿Cómo te ______________?

Me ______________ Alicia.

¿Y de dónde ______________?

De Paraguay.

Escribir un diálogo como el anterior.

SUBMIT FOR REVIEW

____

____

____

____

____

____

____

____

____

____

Completar los espacios en blanco con los pronombres personales que correspondan.

1. _______________ soy Esteban.
2. ¿Sos_______________ de Algeria?
3. _______________ somos Nicolás y Matías.
4. Mónica y Luisa son de Brasil. _______________ son brasileñas.
5. ¿_______________ son Mariano y José? *Sí,* _______________ *soy Mariano y* _______________ *es José.*

¡Atención!

Ellas son Mónica y Luisa.	Nosotras somos las profesoras.	FEM + FEM
Ellos son José y Manuel.	Nosotros somos los profesores.	MASC + MASC
Ellos son Marina y Eduardo.	Nosotros somos los profesores.	FEM + MASC

Verbo estar

YO	ESTOY
VOS	ESTÁS
TÚ	ESTÁS
ÉL/ELLA/USTED	ESTÁ
NOSOTROS/NOSOTRAS	ESTAMOS
USTEDES	ESTÁN
VOSOTROS/VOSOTRAS	ESTÁIS
ELLOS/ELLAS	ESTÁN

Yo estoy en Chicago ahora.
Vos estás contenta.
Tú estás de vacaciones.
Él está callado hoy.
Ella está enferma.
El té está frío.
Miguel está aburrido.
Nosotros estamos cansados.
Ustedes están en el bus.
Ellos están de buen humor.
Julia y Roberto están de mal humor.

Completa los espacios en blanco con el verbo estar según corresponda.

1. Mi hermana hoy______________feliz.
2. Mis padres______________ de vacaciones.
3. Yo ______________ en la playa en este momento.
4. Los alumnos______________ de mal humor.
5. Mi perro ______________ cómodo sentado en el sillón.
6. ¿Vos ______________ en Inglaterra?
7. Nosotros ______________ ansiosos por las notas de los exámenes.
8. Érica______________ de mal humor.
9. Mis hermanos ______________ cerca de casa, van a llegar pronto.
10. ______________ (nosotros) en casa esperándote.

Usos de ser y estar

Comúnmente, se dice que se usa el verbo "ser" para describir situaciones permanentes y el verbo 'estar' para situaciones temporales, pero siempre hay excepciones. Por ejemplo: el perro de Juan está muerto.

Usos del verbo ser, algunos ejemplos:

Yo soy Leticia.	(nombre propio)
Mi madre es médica.	(profesión)
El 16 de mayo es el cumpleaños de Patricia.	(evento)
Los perros son buenos amigos del hombre.	(característica)
Mi padre es una persona positiva.	(característica)
Ellos son mexicanos.	(nacionalidad)
Mi primo es alto y morocho.	(descripción)
El padre de mi marido es mi suegro.	(tipo de relación)
Pablo y Mariana son novios.	(tipo de relación)
Soy la novia de Luis.	(tipo de relación)
Luis es mi novio.	(tipo de relación)
Soy una mujer casada.	(tipo de relación)
¿Qué hora es?	(preguntar la hora)
Es la una.	(decir la hora)
Son las tres y media.	(decir la hora)
El auto azul es un Ford.	(marca)
La lapicera es una Mont Blanc.	(marca)
Mi perro es un Golden Retriever.	(raza)
Mi reloj es de oro.	(material)
Las copas de vino son de cristal.	(material)
La casa es de madera.	(material)

Usos del verbo estar, algunos ejemplos:

Estoy en casa.	(ubicación)
El auto está estacionado en la calle.	(ubicación)
Mi hermano hoy está contento.	(característica temporal)
Paola está en clase.	(ubicación)
¿Dónde estás?	(lugar)
Ustedes están agotados.	(estado temporal)
Vos estás nerviosa.	(estado temporal)

Algunas frases con ser y estar:

¿De dónde eres?

Soy de Guatemala.

¿De dónde son ustedes?

Somos ecuatorianos.

¿Dónde está tu padre?

Está en su oficina.

¿Cómo es tu madre?

Ella es alta, rubia y delgada.

¿Cómo está?

Estoy muy bien.

¿Qué día es?

Hoy es lunes.

¿En qué mes estamos?

Estamos en noviembre.

¿Cuándo es tu cumpleaños?

Mi cumpleaños es el 21 de junio.

Selecciona el verbo que corresponda.

1. Yo (soy/estoy) un poco confundida hoy porque la clase (es/está) a las 3 de la tarde y no a las 2 como todos los días.

2. Mi novio (es/está) de Italia. (Es/Está) italiano.

3. La universidad (es/está) entre un restaurante y un bar.

4. Tú (eres/estás) muy ordenado por eso piensas que yo (soy/estoy) desordenada.

5. ¿Cómo (es/está) la mujer de Javier? (Está/Es) muy bien, gracias.

6. ¿Cómo (es/está) la mujer de Javier? (Está/Es) muy simpática.

7. Quiero comer una manzana, pero creo que todavía (están/son) verdes.

8. Esas manzanas no (son/están) verdes. Parecen verdes porque no (son/están) listas.

9. Leticia y Carlos (son/están) muy enamorados. (Son/Están) novios hace 3 años.

10. El auto de mi tío (es/está) un Volvo. (Es/Está) nuevo y (es/está) muy rápido.

11. Matías (es/está) casado, pero no (es/está) una persona fiel.

12. Mi anillo de compromiso no (es/está) de oro porque mi novio (es/está) pobre, pero de todos modos (soy/estoy) muy enamorada de él.

<u>*Completar.*</u>

usted, gracias, hola, muy bien, hola, nombre, cómo está, buen día, mucho gusto, buenas tardes, gracias, soy

¡_____________, Paula!

_____________ *Lisa, ¿cómo estás?*

Bien, _____________ ¿y vos?

¡_____________ gracias!

_____________ señor Pérez. ¿_____________?

Muy bien, gracias. ¿Y _____________?

Bien _____________.

Buenas tardes, mi _____________ es Clara Domínguez, yo _____________ la profesora de español.

_____________ Clara, yo soy el profesor de historia.

_____________.

Un placer.

<u>*Completar el siguiente formulario con tus datos personales.*</u>

Nombre:	Apellido:
Estado civil:	Fecha de nacimiento:
Nacionalidad:	Edad:
Ocupación:	Sexo:
Dirección postal:	Código postal:
Número de teléfono:	País de residencia:

Los números

1: uno
2: dos
3: tres
4: cuatro
5: cinco
6: seis
7: siete
8: ocho
9: nueve
10: diez

11: once
12: doce
13: trece
14: catorce
15: quince
16: dieciséis
17: diecisiete
18: dieciocho
19: diecinueve
20: veinte

21: veintiuno
22: veintidós
23: veintitrés
30: treinta
34: treinta y cuatro
40: cuarenta
46: cuarenta y seis
50: cincuenta
57: cincuenta y siete
60: sesenta

69: sesenta y nueve
70: setenta
71: setenta y uno
80: ochenta
82: ochenta y dos
90: noventa
100: cien
1000: mil
10 000: diez mil
80 000: ochenta mil

¿Qué hora es?

1. 12 hs: son las 12 (del mediodía).
2. 12 hs: son las 12 (de la noche).
3. 1:00 a.m.: es la una (de la mañana).
4. 2:30 a.m.: son las dos y media.
5. 3:45 a.m.: son las cuatro menos cuarto.
6. 1:00 p.m.: es la una (de la tarde).
7. 4:15 p.m.: son las cuatro y cuarto (de la tarde).
8. 6:20 p.m.: son las seis y veinte.
9. 7:00 p.m.: son las siete en punto.
10. 8:40 p.m.: son las nueve menos veinte (de la noche).

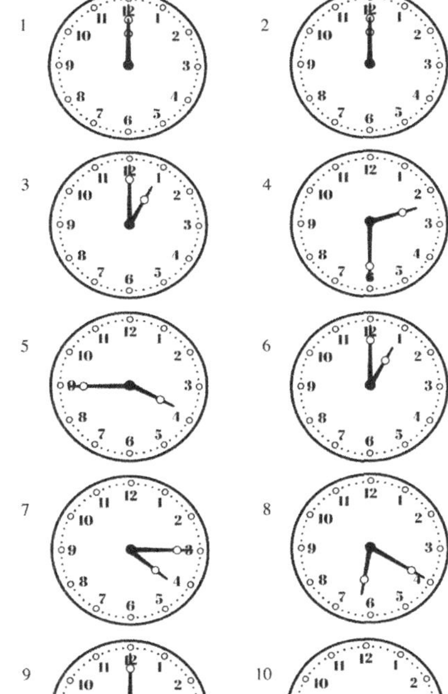

Completar.

1. 12:30 a.m.: ____________________
2. 3:15 p.m.: ____________________
3. 6:20 a.m.: ____________________
4. 1:30 a.m.: ____________________
5. 1:30 p.m.: ____________________
6. 11: 45 p.m.: ____________________
7. 2:30 p.m.: ____________________
8. 4:50 a.m.: ____________________
9. 8:30 p.m.: ____________________
10. 12:00 p.m.: ____________________

La familia

☞ ***Mi familia.***

Me llamo Constanza. Mi papá se llama Víctor y mi mamá se llama Ana. Tengo tres hermanos, un varón y dos mujeres. El varón se llama Mariano y mis hermanas se llaman Valeria y Carolina.

Mi hermano es soltero. Mi hermana Valeria está divorciada y tiene dos hijos. Mi sobrina se llama Clara y mi sobrino se llama Matías. Carolina, tiene un hijo y su nombre es Agustín. El padre de Agustín se llama Federico.

*Mi padre tiene dos hermanas, Paz y Teresa. Los hijos de mis tías son mis primos. Mi prima se llama Alicia y mi primo Tomás.*_

Responde.

1. ¿Cómo se llama el papá de Constanza?
____

2. ¿Tiene hermanos Constanza?
____

3. ¿Cómo se llama el hermano de Constanza?
____

4. ¿Quiénes son Clara y Matías?
____

5. ¿Cómo se llama el marido de Carolina?
____

6. ¿Quiénes son Paz y Teresa?
____

> ¡Recuerda!
> El artículo definido se usa para personas, cosas o lugares. Y es 'definido' porque hablamos de una persona, cosa o lugar específico.

Repasemos los miembros de la familia

La abuela	el abuelo	los abuelos
La madre	el padre	los padres
El hijo	la hija	los hijos
El hermano	la hermana	los hermanos
El tío	la tía	los tíos
El primo	la prima	los primos
El sobrino	la sobrina	los sobrinos
El nieto	la nieta	los nietos
El suegro	la suegra	los suegros
El cuñado	la cuñada	los cuñados
El yerno	la nuera	

> ¡Recuerda!
> Para expresar el plural de una pareja como 'la abuela y el abuelo' usamos la palabra en masculino plural: los abuelos.

¿Puedes describir la familia? 

Por ejemplo: *'El abuelo se llama Ernesto. Tiene 70 años. Su mujer se llama…etc.'*

Los sustantivos

En español, todos los sustantivos se dividen en femenino y masculino: las personas (la mujer, el hombre), las cosas concretas (la casa, el auto), los animales (el perro, la gata) y los sustantivos abstractos (la libertad, el dolor).

Reglas de género:

Los sustantivos que son masculinos y terminan en 'o', cambian al femenino sacando la 'o' y agregando una 'a':

El vecino	La vecina
El chico	La chica
El amigo	La amiga

Excepciones:

la mano, la foto, la moto, la radio.

Los sustantivos que terminan en 'n' y en 'r', cambian al femenino agregando una 'a':

El león	La leona
El bailarín	La bailarina
El escritor	La escritora
El director	La directora

Algunos sustantivos son iguales y la única forma de saber el género es por el artículo o algún adjetivo que lo acompañe:

El cantante	La cantante
El periodista	La periodista
El artista	La artista

Hay sustantivos que son diferentes:

El hombre	La mujer
El actor	La actriz
El padre	La madre

Por lo general, los sustantivos terminados en 'a' son femeninos, pero siempre hay excepciones:

El problema	El clima	El idioma	El tema
El programa	El día	El drama	El sistema

Los sustantivos terminados en or, aje, an son masculinos:

El dolor	El amor	El coraje	El homenaje
El pan	El ademán	El huracán	El televisor

Los colores, los números, los días de la semana, los ríos, los lagos y los océanos, son masculinos:

El azul	El violeta	El uno	El trece
El lunes	El martes	El Pilcomayo	El Nilo
El Titicaca	El Michigan	El Pacífico	El Atlántico

Las palabras terminadas en 'e' son masculinas:

El aceite	El vinagre	El pesebre	El accidente
El aire	El ataque	El auge	El albergue

Pero hay varias excepciones:

La fe	La llave	La sangre	La carne
La gente	La nieve	La noche	La nube

Los sustantivos terminados en 'l' son masculinos:

El alcohol	El ángel	El animal	El canal
El cartel	El cristal	El hospital	El dial

Algunas excepciones:

La sal	La miel	La piel	La terminal

Los sustantivos terminados en 'ción, sión, d, z, zón' son femeninos:

La canción	La emoción	La conclusión	La expresión
La verdad	La amistad	La enfermedad	La edad
La tez	La sensatez	La idiotez	La razón
La hinchazón	La picazón		

Algunas excepciones:

El lápiz	El arroz	El corazón

¡Atención!

El agua	Las aguas
El águila	Las águilas
El hacha	Las hachas

Se usa el artículo definido masculino singular con sustantivos femeninos que empiezan con una 'a' acentuada o 'ha" acentuada, en el plural, vuelven al femenino. Esto es solo una regla de pronunciación y se hace para evitar la doble A, por ejemplo, LA AULA.

El artículo indefinido

Una, unas, un, unos.

Usamos el artículo indefinido para referirnos a algo no específico.

Singular:

UNA casa	UN perro
UNA amiga	UN amigo

Plural:

UNAS manzanas	UNOS libros
UNAS tortas	UNOS chocolates

Completar con un, unos, una, unas.

1. ¿Qué es esto? Es_______ libro.
2. ¿Quién es él? Es _______ amigo de Roco.
3. ¿Quién es ella? Es _______ profesora de francés.
4. ¿Qué es eso? Son _______ cuadros.
5. ¿Quién es esa mujer? Es _______ actriz.

Completar con un, unos, una, unas, la, las, el, los.

Ejemplo: *La Plata es una ciudad en Argentina.*

1. Julián es ______________ mejor amigo de Lucas.
2. Marta es ______________ mujer de Oscar.
3. Roger Federer es ______________ tenista profesional.
4. El Louvre es ______________ museo muy conocido.
5. El Atlántico es ______________ océano.
6. El vino es ______________ bebida alcohólica.
7. Júpiter es ______________ planeta del sistema solar.
8. Canadá es ______________ país de América del Norte.
9. Santiago es ______________ capital de Chile.
10. El Aconcagua es ______________ pico más alto del mundo fuera de Asia.
11. ______________ películas de acción son mis favoritas.
12. ______________ padre de Ramón es médico.
13. ______________ cocina está sucia.
14. Boise es ______________ capital de Idaho.

¡ATENCIÓN!

No se usa el artículo indefinido antes de palabras que indican nacionalidad, profesión ni afiliaciones políticas o religiosas a menos que estén acompañadas por un adjetivo:

Mi prima es ~~una~~ abogada.	Mi prima es una excelente abogada.
Mi padre es ~~un~~ conservador.	Mi padre es un conservador muy abierto.
Yo soy ~~un~~ estudiante.	Yo soy un buen estudiante.
Jimena es ~~una~~ brasileña.	Jimena es una brasileña típica.

La formación del plural

A los sustantivos terminados en vocal, se agrega una S:

Casa, casas
Perro, perros

A los sustantivos terminados en vocal acentuada o consonante, se agrega ES:

Colibrí, colibríes
Rubí, rubíes
Reloj, relojes

Los sustantivos terminados en S no cambian:

Martes, jueves.

Los sustantivos terminados en Z cambian la Z por CES:

Pez, peces
Vez, veces

Escribe el plural de las siguientes palabras.

1. El lápiz ________________
2. El jabalí ________________
3. La cruz ________________
4. El club ________________
5. El examen ________________
6. El cactus ________________
7. El miércoles ________________
8. El jueves ________________
9. El sábado ________________
10. La lección ________________

Adjetivos posesivos

ADJETIVO + SUSTANTIVO			
Masculino		**Femenino**	
Singular	Plural	Singular	Plural
MI auto	MIS autos	MI casa	MIS casas
TU hijo	TUS hijos	TU hija	TUS hijas
SU amigo	SUS amigos	SU amiga	SUS amigas
NUESTRO perro	NUESTROS perros	NUESTRA mesa	NUESTRAS mesas
VUESTRO gato	VUESTROS gatos	VUESTRA gata	VUESTRAS gatas
SU abuelo	SUS abuelos	SU abuela	SUS abuelas
SU tío	SUS tíos	SU tía	SUS tías

SUSTANTIVO + ADJETIVO			
Masculino		**Femenino**	
Singular	Plural	Singular	Plural
Mío	Míos	Mía	Mías
Tuyo	Tuyos	Tuya	Tuyas
Suyo	Suyos	Suya	Suyas
Nuestro	Nuestros	Nuestra	Nuestras
Vuestro	Vuestros	Vuestra	Vuestras
Suyo	Suyos	Suya	Suyas
Suyo	Suyos	Suya	Suyas

Ejemplos:

Es mi casa.	*La casa es mía.*
Es mi perro.	*El perro es mío.*
Son mis casas.	*Las casas son mías.*
Son tus perros.	*Los perros son tuyos.*
Es tu oficina.	*La oficina es tuya.*
Es su sombrero.	*El sombrero es suyo.*

Completar los espacios en blanco con el adjetivo posesivo corto.

1. ________ (mi/mis) hija estudia literatura.

2. ________ (tu/tus) primos juegan al tenis.

3. ________ (mi/mis) coche está en el garaje.

4. ¿________ (tu/tus) amigas son enfermeras?

5. Señor, ¿es este ________ (su/sus) saco?

6. Señora, ________ (su/sus) mesa está lista.

7. La hermana de Nicolás es profesora y ________ (su/sus) otra hermana es médica.

8. ________ (nuestro/nuestra) perro se llama Bob.

9. ________ (nuestro/nuestra) casa está en la ciudad.

10. ________ (nuestros/nuestras) hijos viven todos juntos en una casa.

11. ________ (nuestro/nuestros) dinero está en el banco.

12. ________ (nuestra/nuestras) ideas son muy interesantes.

13. Ellos viven con ________ (su/sus) abuelos.

14. ________ (su/sus) tío trabaja en un restaurante.

15. ________ (su/sus) tía tiene 5 hijos.

Completar los espacios en blanco con el posesivo largo que corresponda.

1. Esta es mi casa. La casa es ____________.
2. Esos son mis autos. Los autos son ____________.
3. Aquellas son mis carpetas. Las carpetas son ____________.
4. Ese es mi pantalón. El pantalón es ____________.
5. Este es tu libro. El libro es ____________.
6. Estas son tus fotos. Las fotos son ____________.
7. Aquellos son tus amigos. Ellos son amigos ____________.
8. Esa es tu oficina. La oficina es ____________.
9. Este es el lugar de Juan. El lugar es ____________.
10. Esta es la chaqueta de Marta. La chaqueta es ____________.
11. Este es el paraguas de Pablo. El paraguas es ____________.
12. Aquella es nuestra mesa. La mesa es ____________.
13. Ese es nuestro diccionario. El diccionario es ____________.
14. Estas son nuestras sillas. Las sillas son ____________.
15. Estos exámenes son de ustedes. Los exámenes son ____________.
16. Estas son sus tarjetas comerciales. Las tarjetas son ____________.
17. Ese es el coche de los García. El coche es ____________.
18. Las ideas son de ellas. Las ideas son ____________.
19. Estos son los informes de los padres. Los informes son ____________.
20. Estos cafés son de ellos. Los cafés son ____________.

Armar oraciones con el vocabulario dado y el verbo ser.

Adjetivo Posesivo	**Familiar**	**Profesión**
Nuestro	bisabuela	enfermero
Tu	tío	escritora
Mi	yerno	periodista
Su	prima	ingeniero
Tu	nieta	cocinero
Nuestra	hijo	médica
Tu	nieto	psicóloga
Mi	abuelo	abogada
Su	abuela	contador
Nuestra	cuñada	empresario
Su	hija	maestra jardinera

Ejemplo: *Nuestro tío es enfermero.*

1. ______________________________

2. ______________________________

3. ______________________________

4. ______________________________

5. ______________________________

6. ______________________________

7. ______________________________

8. ______________________________

9. ______________________________

10. ______________________________

Completar el siguiente árbol genealógico de acuerdo con el texto.

Ramón y Margarita tienen 2 hijos. Un hijo llamado Walter y una hija llamada Micaela. Micaela se casó y tiene 2 hijos. Ahora está divorciada de Joaquín.

Walter está casado con Jimena y tienen solo 1 hija, Esmeralda.

Los otros nietos de Ramón y Margarita se llaman Benjamín y Manuel.

Benjamín es soltero y sus sobrinos se llaman Soledad y Leonardo. Benjamín se lleva muy bien con su cuñada, Paula.

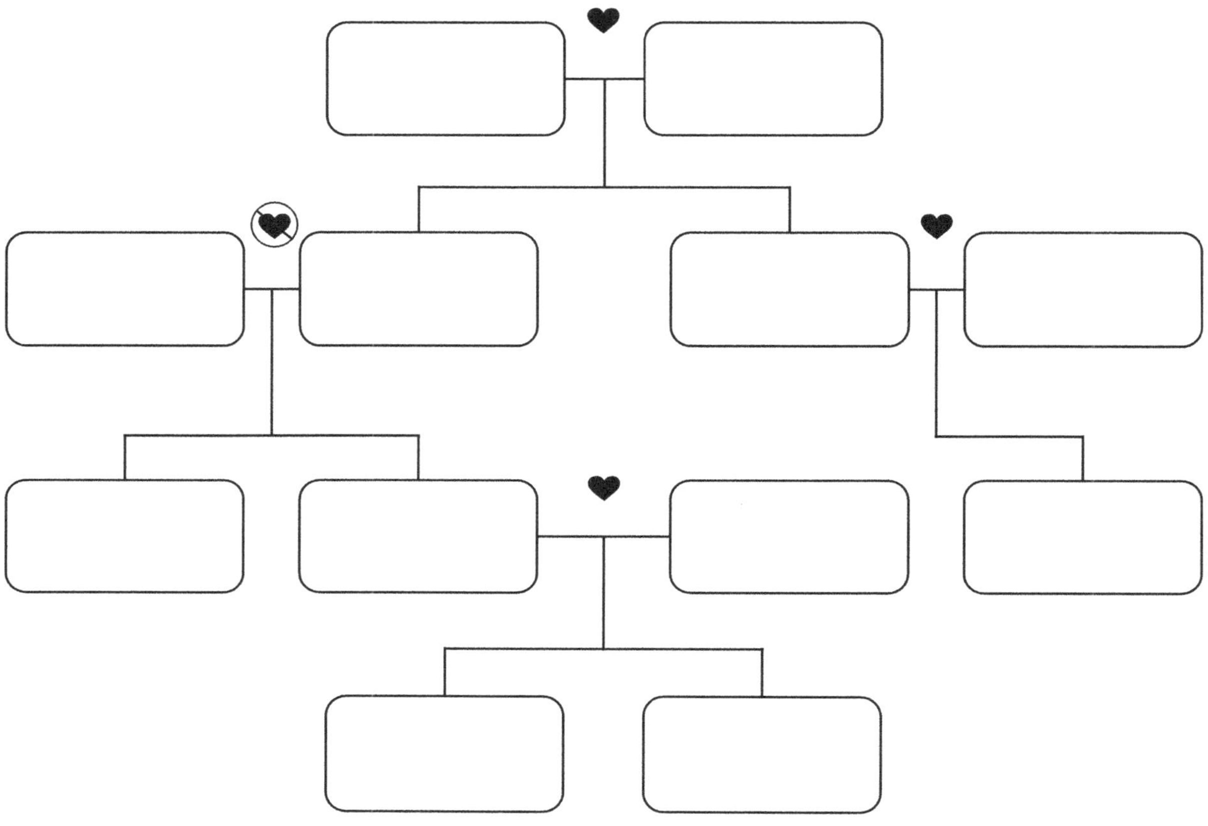

Adjetivos calificativos

Los adjetivos sirven para describir a los sustantivos. Lo podemos hacer en forma concreta (la casa amarilla) o en forma abstracta (una película interesante).

Los adjetivos son variables. Si el sustantivo es masculino singular (el perro) el adjetivo también debe ser masculino singular (el perro tranquilo). Si es femenino, (la nena) el adjetivo también debe estar en femenino (la nena rubia).

Los adjetivos pueden ser de dos tipos:

Adjetivos que tienen cuatro terminaciones posibles:

La niña bonita (femenino singular)	Las niñas bonitas (femenino plural)
El niño bonito (masculino singular)	Los niños bonitos (masculino plural)

Adjetivos que tienen dos terminaciones posibles:

La mujer inteligente (singular)	Las mujeres inteligentes (plural)
El hombre amable (singular)	Los hombres amables (plural)

Los adjetivos bueno y malo sufren "apócope" cuando van delante del sustantivo masculino singular. Apócope significa que pierden la última letra o sílaba:

Juan es bueno.	Juan es un buen chico.
Julia es buena.	Julia es una buena chica.
Fumar es malo para la salud.	Fumar es un mal hábito.
Esa actitud no es buena.	Ana tiene una buena actitud.

El adjetivo "grande" también sufre apócope cuando va delante del sustantivo en singular, pero en este caso, cambia tanto en masculino como en femenino y puede cambiar el significado de la oración:

Mi padre es grande.	Mi padre es un gran hombre.
Nueva York es una ciudad grande.	Nueva York es una gran ciudad.

Adjetivos con 4 terminaciones posibles			
Masculino		**Femenino**	
Singular	**Plural**	**Singular**	**Plural**
Lindo	Lindos	Linda	Lindas
Malo	Malos	Mala	Malas
Alto	Altos	Alta	Altas
Bajo	Bajos	Baja	Bajas
Gordo	Gordos	Gorda	Gordas
Delgado	Delgados	Delgada	Delgadas
Amarillo	Amarillos	Amarilla	Amarillas
Negro	Negros	Negra	Negras
Blanco	Blancos	Blanca	Blancas
Rojo	Rojos	Roja	Rojas
Dorado	Dorados	Dorada	Doradas
Plateado	Plateados	Plateada	Plateadas

Adjetivos con 2 terminaciones posibles	
Singular	**Plural**
Inteligente	Inteligentes
Grande	Grandes
Agradable	Agradables
Triste	Tristes
Torpe	Torpes
Decente	Decentes
Hipócrita	Hipócritas
Deportista	Deportistas
Iraní	Iraníes
Iraquí	Iraquíes
Frágil	Frágiles
Difícil	Difíciles
Dócil	Dóciles
Vulgar	Vulgares
Transgresor	Transgresores
Feliz	Felices
Atroz	Atroces
Verde	Verdes
Azul	Azules
Gris	Grises
Naranja	Naranjas
Celeste	Celestes
Marrón	Marrones
Violeta	Violetas

Tachar el adjetivo que no corresponda.

1. Juan está (felices/feliz).
2. Hoy es un (linda/lindo) día.
3. María es una (mal/mala) persona. Solamente piensa en ella.
4. Me gustan esas cortinas (azules/azul).
5. El ambiente de ese restaurante es muy (agradable/agradables).
6. Mi hermano es (alta/alto) y (delgada/delgado).
7. La hermana de Carlos tiene ojos (verdes/verde).
8. La cuñada de Isabel tiene pelo (rubia/rubio).
9. El yerno de Constanza es muy (responsable/responsables).
10. Camila dice que su suegro es un (hipócritas/hipócrita).
11. Los tíos de Manuel son muy (generosos/generosas). Siempre compran regalos para todos sus sobrinos.
12. En general, abuelos y nietos tienen una relación muy (buenas/buena).
13. Mi yerno es extremadamente (torpes/torpe). Todos los días rompe algo.

Armar oraciones con el vocabulario dado.

La hija de Inés	ser	muy responsables
Esteban	ser	crudo
Mis hijos	estar	azul
La nena	estar	blanca
La campera	ser	de cuero negro
Los zapatos	ser	alto y flaco
La camisa	estar	triste
La fruta	ser	inteligente
La carne	estar	verde
El pollo	ser	cruda

Ejemplo: *La hija de Inés es inteligente.* SUBMIT FOR REVIEW

Comparativos y superlativos

+ más	= igual	- menos

	Para comparar adjetivos.	*MÁS QUE/MENOS QUE/TAN...COMO*
+	Bonita/María/Mónica	María es MÁS BONITA QUE Mónica.
+	Inteligente/Luis/Oscar	Oscar es MÁS INTELIGENTE QUE Luis.
-	Gordo/Lucas/Sebastián	Lucas es MENOS GORDO QUE Sebastián.
-	Alto/Ricardo/José	Ricardo es MENOS ALTO QUE José.
=	Simpática/mi hija/tu hija	Mi hija es TAN SIMPÁTICA COMO tu hija.
=	Buena/mi mamá/tu mamá	Mi mamá es TAN BUENA COMO tu mamá.

Observa la ilustración y responde:

Juan es más delgado que Oscar.
¿Cuál es Oscar?

Escribir oraciones comparando los elementos dados.

Ejemplo: + simpático/yo/tú *Yo soy más simpático que tú.*

1. + responsable/yo/tú ______________________________
2. - flaco/Tomás/Matías ______________________________
3. = amable/Martina/Lucrecia ______________________________
4. = estudiosa/mi hija/tu hija ______________________________
5. - generoso/él/ella ______________________________
6. + ricos/los Ramírez/Los Echeverría ______________________________

Observa la ilustración y responde:

Oscar es más gordo que Juan, pero Juan es tan inteligente como Oscar.

¿Cuál es Oscar?

Para comparar verbos.	*MÁS QUE/MENOS QUE/TAN...COMO*
+ Mi/tu perro/comer	Mi perro come MÁS QUE tu perro.
- Ignacio/Mariana/trabajar	Ignacio trabaja MENOS QUE Mariana.
= Luisa/Leticia/esquiar	Luisa esquía TAN BIEN COMO Leticia (adverbio).
= Ana/Pamela/hablar	Ana habla TANTO COMO Pamela.

Observa la ilustración y responde:

Juan habla más que Oscar.

¿Cuál es Juan?

Escribir oraciones comparando los elementos dados.

Ejemplo + ahorrar/yo/tú *Yo ahorro más que tú.*

1. + comer dulces/yo/tú ____________________

2. - hablar/Tomás/Matías ____________________

3. = nadar bien/Martina/Lucrecia ____________________

4. = cantar bien/mi hija/tu hija ____________________

5. - correr/él/ella ____________________

6. + gastar/los Ramírez/Los Echeverría ____________________

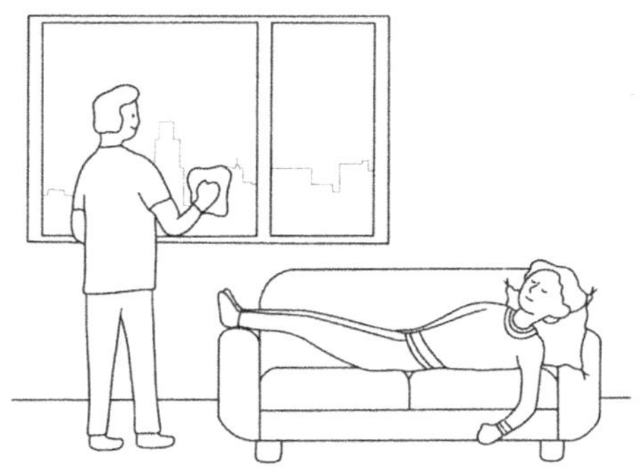

Observa la imagen y lee los siguientes ejemplos:

Manuel trabaja más que Mónica.

Mónica trabaja menos que Manuel.

Mónica duerme más que Manuel.

Manuel descansa menos que Mónica.

Karina estudia tanto como su amiga Cecilia.

Leticia canta tanto como Luis.

Luis canta tan <u>mal</u> como Leticia. (adverbio)

Luis desafina tanto como Leticia.

Para comparar sustantivos. *TANTO…COMO*

Luis tiene tiempo libre. Yo tengo tiempo libre.

Masculino-singular: *Luis tiene TANTO tiempo libre COMO yo.*

El sustantivo 'tiempo' es masculino singular, en consecuencia, 'tanto' tiene que ser masculino singular.

Amalia tiene tanto dinero como Pilar.

Luis tiene 2 perros. Yo tengo 2 perros.

Masculino-plural: *Yo tengo TANTOS perros COMO Luis.*

El sustantivo 'perros' es masculino plural, en consecuencia, 'tantos' tiene que ser masculino plural.

Teresa tiene tantos gatos como Juliana.

Luis tiene paciencia. Yo tengo paciencia.

Femenino-singular: *Luis tiene TANTA paciencia COMO yo.*

El sustantivo 'paciencia' es femenino singular, en consecuencia, 'tanta' tiene que ser femenino singular.

Débora siente tanta paz como Beatriz.

Luis tiene 3 casas. Yo tengo 3 casas.

Femenino-plural: *Yo tengo TANTAS casas COMO Luis.*

El sustantivo 'casas' es femenino plural, en consecuencia, 'tantas' tiene que ser femenino plural.

Pedro tiene tantas vacas como Jazmín.

<u>*Armar oraciones con el vocabulario dado como en el ejemplo.*</u>

Ejemplo: Mi primo/tu primo/monedas *Mi primo tiene tantas monedas como tu primo.*

1. Mis padres/tus padres/dinero ______________________________
2. Yo/tú/hijos ______________________________
3. Nosotros/ustedes/primos ______________________________
4. Marisa/Jimena/zapatos ______________________________
5. Jorge/Esteban/corbatas ______________________________
6. Miguel/Ana/tiempo para estudiar ______________________________
7. Mi padre/tu padre/trabajo ______________________________
8. Luján/Manuel/bicicletas ______________________________
9. En esta ciudad hay/turistas/ciudadanos ______________________________
10. Yo/Rodrigo/disponibilidad ______________________________

Escribe oraciones comparando a las dos familias.

> Si usamos números:
>
> Hay más DE 40 personas.
>
> Tiene menos DE 19 puntos.

LOS RAMÍREZ	LOS GARCÍA
Casas: 2	Casas: 2
Dinero: 1 000 000	Dinero: 800 000
Hijos: 4	Hijos: 7
Gastan: 10 000 por mes	Gastan: 6 000 por mes
Autos: 2	Autos: 2
Problemas: muchos	Problemas: muchos
Juan Ramírez	José García
Corre 100 metros por minuto	Corre 110 metros por minuto
Come 3 veces por día	Come 5 veces por día
Tiene 4 amigos	Tiene 4 amigos
Rosa Ramírez	Josefina García
Tiene 18 pares de zapatos	Tiene 25 pares de zapatos
Mide: 1.70	Mide: 1.67
Pesa: 45 kg.	Pesa: 50 kg.

___

___

___

___

___

___

___

___

___

¡Atención!

Hay cuatro comparativos que son irregulares:

bueno	mejor
malo	peor
grande	mayor
pequeño	menor

Ejemplos:

El chocolate colombiano es bueno, pero el suizo es mejor que el colombiano.

Mi francés es malo, pero el francés de mi amigo es peor que el mío.

El vino italiano es el mejor (de todos).

Los vinos italianos son los mejores.

Esa película es la mejor (de todas).

El auto es el peor (de todos).

Sus primos son menores que Ana.

Juana es la mayor.

Anita es la menor de todos los hermanos.

Inés es la menor.

Su tío es el menor de todos los hermanos.

¡Atención!

Grande y pequeño también tienen un comparativo de forma regular. Se usa para las comparaciones de tamaño. Usamos la forma irregular para comparaciones de edad y de importancia.

Ejemplos:

El baúl de mi auto es más grande que el tuyo.

La mesa es más pequeña de lo que pensaba.

La minería es la mayor fuente de ingreso.

Mi hermana mayor es psicóloga.

Poner las siguientes oraciones en orden.

1. Mis notas/peores/clase/son/las/de/la

___

2. Restaurante/bueno/ese otro restaurante/mejor/es/este/pero/es

___

3. Pero/el/es/pantalón verde/es más/el azul/grande/grande

___

4. Dos hermanas/una/y otra/yo tengo 25/ser/tengo/mayor/menor

___

5. Viena/Innsbruck/ciudad/pequeña/es/una/más/que

___

¿Bueno o bien?

'Bueno' es un adjetivo y, por lo tanto, lleva el mismo género y número que el sustantivo que acompaña.

Ejemplos:

Una buena amiga.	Unas buenas amigas.
El niño es bueno.	Los niños son buenos.
Mi madre es buena.	Buen trabajo.

'Bien' es un adverbio y muchas veces responde a preguntas.

Ejemplos:

¿Cómo estás?	(Estoy) bien.
¿Cómo trabaja Manuel?	(Trabaja) bien.

Lo contrario de bueno es malo y lo contrario de bien es mal.

Completar los espacios en blanco con bien o bueno/os/a/as.

1. Ernestina canta muy ___________________.

2. Juan José es muy ____________________ con los niños.

3. La comida es ____________________. Me gusta mucho.

4. ¿Cómo estás? *Estoy muy* ____________________, *gracias.*

5. ¡Qué ____________________ que baila tu mamá!

6. Los médicos de este hospital son todos muy ____________________.

7. ¿Juegas ____________________ al tenis o más o menos?

8. La maestra de los niños es muy ____________________, nos encanta.

9. Tú inglés es muy ____________________, hablas muy ____________________.

¿Muy o mucho?

'Muy' va delante de un adjetivo o de un adverbio.

Muy + adjetivo =	Este libro es muy interesante.
Muy + adverbio =	Tú cocinas muy bien.

'Mucho' siempre va delante de un sustantivo o detrás de un verbo.

Mucho + sustantivo =	Juan tiene muchos amigos.
	Juan tiene muchas amigas.

Con sustantivos usamos mucha/s- mucho/s. Lo contrario de 'mucho' es 'poco'.

Tengo muchas cosas para hacer.	Tengo pocas cosas para hacer.
Tenemos mucho dinero en el banco.	Tenemos poco dinero en el banco.
Hay muchos animales en el zoológico.	Hay pocos animales en el zoológico.
Mucho + verbo =	Juan trabaja mucho.
	Juan estudia mucho todas las tardes.

Con verbos usamos 'mucho' o 'poco'.

En verano bebemos mucho.	En invierno bebemos poco.
En invierno como mucho.	En verano como poco.
José estudia mucho.	Juan estudia poco.

¡Atención, excepción!

Mejor, peor, mayor y menor son adjetivos, pero siempre usamos 'mucho' delante de estos adjetivos (y no 'muy').

MUY BUENO, MALO, GRANDE, PEQUEÑO

MUCHO MEJOR, PEOR, MAYOR, MENOR

Ejemplos:

El libro es muy bueno, pero la película es mucho mejor.
El auto es malo, pero la camioneta es mucho peor.
Mi hermana es mucho mayor que yo.
Mi hermano es mucho menor que yo.
Mi padre es mayor que mi madre, pero mi tía es mucho mayor que mi madre.
Es mucho mejor reír que llorar.

Otros adverbios:
Mucho + más, menos, antes, después
Ejemplo: Juan trabaja mucho, pero Claudia trabaja mucho más que Juan.

Completar los espacios en blanco con "muy" o "mucho".

1. Yo tengo ____________________ sed (sustantivo).

2. Yo estoy ____________________ sediento (adjetivo).

3. Tu madre es ____________________ amable.

4. Tu madre es ____________________ mayor que tu tía.

5. Es ___________________ temprano, son las 6 am.

6. Yo tengo ___________________ hambre.

7. Estoy ___________________ hambriento.

8. Ana tiene ___________________ tiempo libre.

9. Necesitamos ___________________ manzanas más para hacer la torta.

10. Ricardo es ___________________ responsable.

11. Mi hijo habla español ___________________ bien.

12. ¿Cómo está tu familia? ___________________ *bien, gracias.*

13. Los García tienen ___________________ dinero.

14. Nuestro perro es ___________________ viejo.

15. La casa de los vecinos es ___________________ grande.

16. Hablas ___________________ rápido.

Completar los espacios en blanco con 'muy, mucho, muchos, muchas, mucha o poco, pocos, poca, pocas'.

1. ¿Compras ___________________ ropa?

2. No tengo ___________________ tiempo para tomar un café.

3. ¿Ganas ___________________ o ___________________?

4. Mi hermana es ___________________ mayor que yo.

5. Me gusta ___________________ ir al cine.

6. Mi jefe habla ___________________.

7. Los zapatos cuestan ___________________.

8. ____________________ personas estudian chino, pero ____________________ aprenden.

9. Estás comprando ____________________ comida.

10. Estoy preocupada, mi hija come ____________________.

11. Tengo ____________________ ganas de verte.

12. Tengo diez cervezas porque Juan bebe ____________________.

13. ¿Bebes ____________________ cervezas?

14. La película de ayer es mala, pero la de hoy es ____________________ peor.

15. Tu madre parece ____________________ menor que tu padre.

16. Es ____________________ mejor si vamos caminando.

17. ¡La maestra tiene ____________________ paciencia!

18. ¿Estás ____________________ preocupado por la economía?

19. Mi jefe está ____________________ ocupado y no tiene tiempo para verme.

20. Tenemos ____________________ problemas y todos son ____________________ serios.

REPASO

1. Yo ____________________ (ser) Marisa.
2. Ellos son ____________________ Perú.
3. Nosotros vivimos ____________________ Lima.
4. ¿Qué hora ____________________?
5. ¿____________________ qué hora es la reunión?
6. La hermana de mi madre es mi ____________________.
7. Juan es más alto ____________________ Lucio.
8. Yo tengo ____________________ libros como mi papá.
9. Mi hermano tiene ____________________ amigas como yo.
10. Mi abuela es ____________________ que mi abuelo. Ella tiene 80 y mi abuelo tiene 75 años.
11. Leticia es ____________________ menor que yo.
12. Mi perro come más pescado ____________________ mi gato.
13. Esos son mis libros. Los libros son ____________________.
14. Esos son nuestros libros. Los libros son ____________________.
15. Los padres de mi marido son mis ____________________.
16. La casa, la mesa, la silla, _____ agua, el día, _____ clima, _____ aula.
17. El león, los leones, la casa, las casas, el colibrí, los ____________________.
18. La canción, las canciones, la vez, las ____________________.
19. El lunes, los ____________________.
20. El perro ____________________ un buen amigo del hombre.

PARTE 2

El presente

Mi nombre es Eugenia. Soy de Bolivia y tengo treinta y cinco años. Vivo con mi marido. No tenemos hijos, pero tenemos dos perros.

Trabajo en un banco de ocho a cinco todos los días. Todas las mañanas preparo el desayuno y después ordeno un poco la casa.

Voy a la oficina en auto. Los lunes después de trabajar voy al supermercado y compro comida para toda la semana.

Cocino casi todas las noches. Cuando estoy muy cansada, compro una pizza o preparo unos sándwiches.

Verbos regulares

Verbos terminados en AR como COCIN-AR

Yo cocino	COCIN – ~~AR~~ + O
Vos cocinás	COCIN – ~~AR~~ + ÁS
Tú cocinas	COCIN – ~~AR~~ + AS
Él/Ella/Usted cocina	COCIN – ~~AR~~ + A
Nosotros cocinamos	COCIN – ~~AR~~ + AMOS
Ustedes cocinan	COCIN – ~~AR~~ + AN
Vosotros cocináis	COCIN – ~~AR~~ + ÁIS
Ellos cocinan	COCIN – ~~AR~~ + AN

Completar: ORDENAR

Yo: ____________________

Vos: ____________________

Él: ____________________

Nosotros: ____________________

Ustedes: ____________________

Vosotros: ____________________

Ellos: ____________________

<u>*Completar los espacios en blanco. Verbos terminados en AR.*</u>

1. Marta ____________________ (cocinar) todas las noches.
2. ¿____________________ (comprar/tú) el periódico todos los días?
3. Ulises y yo ____________________ (conversar) siempre con los vecinos.
4. Los chicos ____________________ (dibujar) en el colegio.
5. Mis abuelos ____________________ (viajar) una vez por mes.
6. Mi perro siempre ____________________ (ladrar) cuando llego a casa.
7. Yo ____________________ (llegar) tarde hoy porque tengo mucho trabajo.
8. Mi marido y yo ____________________ (adorar) el cine mudo.
9. Nuestra hija ____________________ (ahorrar) para comprar un apartamento.
10. El médico ____________________ (analizar) los resultados de los estudios.
11. Enrique ____________________ (apoyar) al candidato del partido verde.
12. Los novios se ____________________ (besar) en el altar.
13. El juez ____________________ (condenar) al ladrón a diez años de prisión.
14. La familia Pérez ____________________ (desayunar) en el jardín todos los domingos.
15. Ellos se ____________________ (divorciar) porque se pelean todo el tiempo.
16. La madre ____________________ (doblar) la ropa de sus hijos y la ____________________ (guardar) en el ropero.
17. Yo ____________________ (dudar) que sea una buena idea.
18. El veterinario ____________________ (examinar) al perro.
19. Eloísa nunca ____________________ (votar) porque dice que todos los candidatos son iguales.

Verbos terminados en AR como LLAM-AR-SE

Yo me llamo Miriam.

Vos te llamás Anabella.

Tú te llamas José.

Ella se llama Teresa.

Él se llama Leonardo.

Usted se llama Santiago.

Nosotros nos llamamos Patricio y Brenda.

Ustedes se llaman Marcos y Lola.

Vosotros os llamáis Marcos y Lola.

Ellos se llaman Sebastián y Ricardo.

Ellas se llaman Julieta y Abril.

Mi hijo se llama Juan Carlos y tiene veinte años. Estudia psicología y está en segundo año. Sus clases son por la mañana y por la tarde estudia en casa. Lee mucho, a veces lee durante tres o cuatro horas sin parar. También aprende alemán y francés en un instituto privado. Cuando tiene tiempo libre corre por el parque. No fuma ni bebe alcohol porque entrena para participar en un maratón.

Verbos terminados en ER como COM-ER

Yo como	COM – ~~ER~~ + O
Vos comés	COM – ~~ER~~ + ÉS
Tú comes	COM – ~~ER~~ + ES
Pedro come	COM – ~~ER~~ + E
Mariana y yo comemos	COM – ~~ER~~ + EMOS
Ustedes comen	COM – ~~ER~~ + EN
Vosotros coméis	COM – ~~ER~~ + ÉIS
Ellos comen	COM – ~~ER~~ + EN

Completar: VENDER

Yo: ____________________

Vos: ____________________

Él: ____________________

Nosotros: ____________________

Ustedes: ____________________

Vosotros: ____________________

Ellos: ____________________

Completar los espacios en blanco. Verbos terminados en ER.

1. Los chicos ____________________ (cometer) muchos errores en la clase de francés.
2. Facundo ____________________ (correr) 5 km todos los días.
3. Mis amigos ____________________ (creer) que soy demasiado bueno.
4. Su familia ____________________ (depender) del seguro de desempleo.
5. Mi mujer y yo ____________________ (beber) solamente vino con las comidas.
6. Yo ____________________ (leer) todas las noches antes de ir a dormir.
7. Tú ____________________ (meter) el pan en la heladera y ahora está duro.
8. Ustedes ____________________ (pretender) que nada pasó, pero no es justo.
9. Siempre ____________________ (proceder/ella) de la mejor manera posible.
10. ¿Ustedes ____________________ (recorrer) la ciudad a pie o en ómnibus?
11. Esteban nunca ____________________ (responder) mis emails.
12. ¿Qué ____________________ (suceder)? ¿Por qué está la policía afuera?
13. Las autoridades ____________________ (suspender) el concierto por razones de seguridad.

14. ____________________ (temer/yo) no llegar a tiempo.

15. ¿Por qué ____________________ (toser/tú) tanto, estás enferma?

16. No ____________________ (comprender/nosotros) bien. ¿Puede explicarnos otra vez?

17. Hoy estoy muy torpe, ____________________ (romper) todo lo que toco.

18. Érica y yo ____________________ (aprender) inglés en un instituto.

19. Mi hijo ____________________ (esconder) sus juguetes y después llora porque no sabe donde están.

20. Nosotros ____________________ (prender) las luces porque está muy oscuro aquí.

Mi hermana y yo vivimos en un apartamento en el centro de Asunción. Somos solteras. Las dos trabajamos en la misma compañía de lunes a viernes. Los sábados nos reunimos y comemos con amigos. Nosotras compartimos muchas cosas y somos muy unidas. Vivimos juntas hace diez años. No tenemos muchos problemas, discutimos poco. Nos llevamos muy bien. Las dos somos vegetarianas y hacemos yoga dos veces por semana.

Verbos terminados en IR como VIV-IR

Yo vivo	VIV – ~~IR~~	+ O
Vos vivís	VIV – ~~IR~~	+ ÍS
Tú vives	VIV – ~~IR~~	+ ES
Ella vive	VIV – ~~IR~~	+ E
Nosotros vivimos	VIV – ~~IR~~	+ IMOS
Ustedes viven	VIV – ~~IR~~	+ EN
Vosotros vivís	VIV – ~~IR~~	+ ÍS
Ellas viven	VIV – ~~IR~~	+ EN

Completar: CONSUMIR

Yo: ____________________

Vos: ____________________

Él: ____________________

Nosotros: ____________________

Ustedes: ____________________

Vosotros: ____________________

Ellos: ____________________

Completar los espacios en blanco. Verbos terminados en IR.

1. ____________________ (abrir/tú) todas las ventanas para ventilar la casa.
2. El delincuente ____________________ (admitir) su culpabilidad.
3. El público ____________________ (aplaudir) de pie al cantante.
4. Los hermanos son muy unidos, ____________________ (compartir) todo.
5. Yo ____________________ (confundir) las palabras cansado y casado.
6. El juego ____________________ (consistir) en escribir la mayor cantidad de palabras en el menor tiempo posible.
7. Los jóvenes ____________________ (consumir) sustancias que afectan su crecimiento.
8. Los compañeros de trabajo inventan una historia y ____________________ (cubrir) al ausente.
9. Los periodistas ____________________ (transmitir) desde el lugar del accidente.
10. Nosotros ____________________ (decidir) ir a vivir al campo.
11. Si ____________________ (sobrevivir/tú) más de cuatro días sin agua es un milagro...
12. ¿Te ____________________ (reunir) con tus amigos seguido?
13. El terremoto ____________________ (sacudir) toda la ciudad.

14. Jorge ____________________ (insistir) en hacer las cosas a su manera y yo ____________________ (insistir) en hacerlas a la mía.

15. El artista ____________________ (esculpir) una figura a pedido del gobernador.

16. Anita es muy inteligente, tiene sólo tres años y ya suma, resta, multiplica y ____________________ (dividir) sola.

17. ¿Tu abuelo ____________________ (sufrir) del corazón?

18. ____________________ (recibir/nosotros) por lo menos cincuenta CV por día.

19. Yo ____________________ (escribir) para una revista de deportes.

20. Mis padres siempre ____________________ (discutir) por las mismas cosas.

Usos del presente del indicativo

Usamos el presente del indicativo para:

Hablar de una acción rutinaria: trabajo todos los días.

Hablar del futuro cercano: mañana comemos juntos.

Algunas expresiones de tiempo:

Hoy	Siempre
A la mañana/por la mañana	A menudo
A la noche/por la noche	Casi nunca
A la tarde/por la tarde	Seguido
De vez en cuando	A veces
Todos los días	Todo el día
Nunca/jamás	Esta semana, este mes, este año

¡Atención!

Repasemos los días de la semana: lunes, martes, miércoles, jueves, viernes, sábado y domingo

Los días de la semana siempre son masculinos y usamos el artículo delante del día, por ejemplo:

El lunes hago yoga.

El miércoles como con mi familia.

También uso el artículo cuando uso 'fin de semana', por ejemplo:

El fin de semana corro por el parque.

En los dos casos, 'el lunes' y 'el fin de semana' quiere decir, 'este lunes o el próximo lunes; 'este fin de semana o el próximo fin de semana'.

Cuando uso el artículo en plural, por ejemplo:

Los lunes hago yoga.

Los miércoles como con mi familia.

Los fines de semana corro por el parque.

Significa que 'todos los lunes' hago yoga; 'todos los miércoles' como con mi familia y que 'todos los fines de semana' corro por el parque.

Completar los espacios en blanco con el verbo en el presente del indicativo.

1. ¿Vos _______________ (hablar) español?
2. Mariana _______________ (amar) a los animales.
3. Nosotros no _______________ (comer) carne porque _______________ (ser) vegetarianos.
4. Diego y Marcia _______________ (cocinar) para sus amigos todos los viernes.
5. ¿A qué hora _______________ (terminar) de trabajar ustedes?
6. ¿Siempre _______________ (beber) unas cervezas después de trabajar?
7. Yo _______________ (trabajar) de lunes a viernes.
8. Mario _______________ (recibir) dinero de su familia una vez por semana.
9. Mi papá _______________ (leer) el diario solamente por la mañana.

Escribir oraciones con el vocabulario dado.

Ejemplo: Yo/escuchar/la radio/todos los días. *Escucho la radio todos los días.*

1. Micaela y yo/desayunar/cereales/todas las mañanas.

 ____

2. Tú/llamar a/tus padres/los domingos.

 ____

3. Los hijos de Carmen/estudiar/matemáticas/de 3 a 5 de la tarde/lunes y jueves.

 ____

4. Marta/comer/con amigos/todos los sábados.

 ____

5. Las maestras/enseñar/francés/de lunes a viernes.

 ____

6. Ustedes/preparar/la cena/a las 7 de la noche los sábados y domingos.

 ____

7. La enfermera/cuidar/pacientes/todos los días de la semana.

 ____

Verbos irregulares: hacer y tener

Yo hago	Yo tengo
Vos hacés	Vos tenés
Tú haces	Tú tienes
Usted hace	Usted tiene
Nosotros hacemos	Nosotros tenemos
Ustedes hacen	Ustedes tienen
Vosotros hacéis	Vosotros tenéis
Ellos hacen	Ellos tienen

Verbos como hacer: deshacer y satisfacer.

Completar los espacios en blanco.

1. ¿___________ (tener/tú) calor? *No, está fresco, no ___________ (tener/yo) calor.*
2. ___________ (tener/yo) hambre, ¿comemos algo? *Yo ___________ (tener) más sed que hambre, pero puedo comer algo liviano.*
3. ¿___________ (tener/nosotros) tiempo de tomar un café? *No, ___________ (tener) que irnos.*
4. Los chicos ___________ (tener) sueño, creo que debemos irnos ahora.
5. ¿Ustedes también ___________ (tener) dolor de cabeza?
6. ¿Qué ___________ (hacer/tú)? ___________ *(hacer/yo) la tarea de historia.*
7. Tenemos éxito porque ___________ (satisfacer/nosotros) las necesidades de todos nuestros clientes.
8. ¿Puedes encender la luz, por favor? ¡___________ (tener/yo) miedo!
9. ¿Por qué ___________ (tener/tú) tanta prisa?
10. Qué ___________ (hacer/ustedes) los domingos? ___________ *(hacer/nosotros) las compras.*

Hay, hay que y tener que

HAY

"Hay" es la tercera persona del singular del verbo HABER. En este caso, HABER es un verbo impersonal y significa 'existe'.

Ejemplos:

Hay una silla en la oficina.

Hay cinco sillas en la oficina.

La palabra "silla/sillas" es un complemento en la oración y no el sujeto, por este motivo, "HAY" no cambia de singular a plural.

En este uso, el verbo "haber" se conjuga siempre en tercera persona del singular:

Hay cuatro personas esperando.

Hay + sin artículo	=	Hay animales sueltos en el zoológico.
Hay + con artículo indefinido	=	Hay unos niños jugando con los monos.

¡Atención!

Hay + ~~artículo definido (el, los, la, las)~~ = ~~Hay los leones en el zoológico.~~

Completar los espacios en blanco utilizando los verbos estar o haber (hay).

1. ________ cuatro personas en la sala de espera.
2. ¿Dónde ________ los platos? ________ *encima de la mesa.*
3. Roger ________ en la oficina.
4. En la universidad ________ una biblioteca y dos bares.
5. Julia ________ en el restaurante.
6. En el supermercado ________ gran variedad de productos importados.
7. Mi casa ________ sobre una colina.
8. ________ casas muy grandes en este barrio.
9. ¿Manuel ________ en casa, mamá? *No,* ________ *en clase.*
10. ¿Tenés hambre? ________ comida en la heladera.
11. En Río de Janeiro ________ muchos habitantes.
12. ________ gente esperando en la oficina.

HAY QUE

La construcción HAY + QUE + (VERBO EN INFINITIVO) expresa una necesidad o una obligación en forma impersonal.

Ejemplos:

Hay que prestar atención en clase.

Hay que estudiar para aprender.

Hay que manejar con cuidado cuando llueve.

Escribir cinco oraciones de cosas que "HAY QUE HACER" en una casa.

Ejemplo: *HAY QUE LAVAR las ventanas una vez por semana.*

1. ____

2. ____

3. ____

4. ____

5. ____

TENER QUE

HAY QUE expresa una necesidad en forma impersonal.

TENER + QUE + (VERBO EN INFINITIVO), también expresa una obligación, pero en este caso, sabemos quien realiza la acción.

Ejemplos:

Tengo que estudiar. (yo)

Tenemos que ir. (nosotros)

Tienen que estudiar. (ustedes o ellos/as)

El verbo "tener" va conjugado según el sujeto de la oración.

Escribir cinco oraciones de cosas que "TENES QUE HACER" para aprender español.

1. ____

2. ____

3. ____

4. ____

5. ____

TENER GANAS DE

Hoy es domingo y (yo) *tengo muchas* ganas de quedarme en la cama.

¿Tienes ganas de ir al cine hoy?

No, la verdad es que no tengo nada de ganas. No, no tengo muchas ganas (de ir al cine).

Tenemos ganas de comer helado.

TENER GANAS DE + (VERBO EN INFINITIVO).

TENGO GANAS DE DORMIR.

TENEMOS GANAS DE COMER UNA TORTA DE CHOCOLATE.

TIENE GANAS DE VERTE.

NO + TENER GANAS DE + (VERBO EN INFINITIVO).

JUAN NO TIENE GANAS DE IR A CLASE HOY.

¿TIENEN GANAS DE MIRAR UNA PELÍCULA?

Sí, TENEMOS GANAS (de mirar una película).

Escribir dos cosas que siempre tienes ganas de hacer a la mañana y dos que nunca tienes ganas de hacer.

1. ______________________________

2. ______________________________

3. ______________________________

4. ______________________________

Completar los espacios con: tener ganas de, tener que, hay que, hay, tener y estar.

1. ¿____________ beber un café? (ustedes)
2. ¿Dónde ____________ el supermercado?
3. ____________ estudiar más (tú).
4. ____________ comprar azúcar para hacer la torta.
5. ____________ mucha gente en el centro.
6. Mi padre ____________ en su oficina.
7. ____________ 20 alumnos en la clase de geografía.
8. ____________ viajar (yo).
9. ¿____________ leche? *Sí,* ____________ *2 litros.*
10. ¿____________ trabajar el sábado?

Completar los espacios en blanco con: tener, ganas, hay, que.

1. Hoy no ____________ ganas de hacer nada. Estoy muy cansada.
2. Juan, ____________ que estudiar más, tus notas son muy malas.
3. ¡Tenemos muchas ____________ de verte!

4. Para ser cirujano __________________ que tener buen pulso.

5. Tengo __________________ ser más responsable. Eso dice mi madre...

6. __________________ que limpiar la sala.

7. ¿__________________ (tú) ganas de ir al cine conmigo?

8. No tengo __________________ de cocinar. ¿Podemos ordenar una pizza?

9. Mi jefe dice que __________________ que saber hablar muy bien chino para obtener un ascenso en la compañía.

10. Tenemos __________________ salir antes de las 8.

El trabajo

☞ ***Diálogo.***

La entrevista (parte uno).

Hola, buenos días.

Buenos días.

¿Cómo puedo ayudarlo?

Tengo una entrevista con el señor Marco López.

¿Entrevista laboral?

Sí.

¿A qué hora?

A las 11.30 hs.

¿Puede esperar unos minutos? El señor López está ocupado todavía, pero en diez minutos se desocupa.

Sí, no hay problema.

¿Su nombre es...?

Joaquín Gallego.

Muchas gracias.

Gracias a usted.

Verbo PODER:

Yo puedo

Vos podés

Tú puedes

Usted puede

Nosotros podemos

Ustedes pueden

Vosotros podéis

Ellos pueden

> El verbo poder es un verbo irregular y significa "ser capaz de" o "tener permiso para hacer algo".

Ejemplos:

Yo puedo hacerlo.

Jaime puede hablar con el gerente.

¿Puedes entrar a esa sala que dice "privado"? Sí, tengo permiso, estoy autorizado.

Completar los espacios en blancos con el verbo 'poder' conjugado según corresponda.

1. Yo ________________ ayudarte, solo tienes que llamarme.
2. Tú ________________ hacer tus sueños realidad si te levantas de la cama y dejas de dormir todo el día.
3. No ________________ (nosotros) más, estuvimos caminando todo el día.
4. No ________________ (ellos) decírmelo, me dijeron que es un secreto.
5. ¿________________ (ustedes) tomar el tren?
6. ¿Vos ________________ venir a mi casa el sábado a las tres?
7. Mariano no ________________ soportar a Estela, creo que las cosas van a terminar mal.

8. ¿________________ (yo) ir con ustedes? *No, no ________________ porque la película es solo para adultos.*

9. ¿Creés que ella ________________ ser capaz de hacer algo así?

☞ ***Diálogo.***

La entrevista (parte dos).

Sr. Gallego, el Sr. López ya lo puede ver. Por acá, por favor.

Muy amable, gracias.

Hola, buenos días. Siéntese por favor.

Hola, mucho gusto.

¿Por qué no me cuenta un poco de su vida? ¿Tiene familia?

Sí, claro. Vivo con mis padres y tengo tres hermanos. Una hermana y dos hermanos. Mi hermana es la única que está casada y tiene dos hijos.

¿De qué trabajan sus padres?

Mi mamá no trabaja, bueno, es ama de casa. Quiero decir, trabaja en casa. Mi padre es ingeniero y trabaja en una constructora.

Muy bien, ¿y sus hermanos a qué se dedican?

Mi hermano Pablo, estudia derecho, quiere ser abogado; mi otro hermano, es psicólogo y mi hermana no trabaja actualmente, pero es enfermera.

Y usted, ¿cuántos años tiene?

Tengo 27.

¿Y hace cuánto tiempo que busca trabajo?

Busco trabajo hace siete meses.

En su currículum vitae dice que no trabaja desde hace un año y medio.

Sí, es verdad, hace un año y medio que no trabajo, pero hace siete meses que busco trabajo.

HACE...DESDE HACE...CUÁNTO HACE

Para preguntar y responder por una acción que empieza en el pasado y que continúa en el presente usamos las siguientes construcciones:

¿"DESDE HACE" + "CUÁNTO TIEMPO" + "QUE" + (VERBO EN PRESENTE DEL INDICATIVO)?

Ejemplos:

¿Desde hace cuánto tiempo que estudias español?

¿Desde hace cuánto tiempo que trabajas en la universidad?

"HACE" + (PERÍODO DE TIEMPO) + "QUE" + (VERBO EN PRESENTE DEL INDICATIVO).

Ejemplos:

Hace 4 meses que estudio español.

Hace 2 años que trabajo en la universidad.

¿"DESDE CUÁNDO" + (VERBO EN PRESENTE DEL INDICATIVO)?

Ejemplos:

¿Desde cuándo vives en México?

¿Desde cuándo conoces a María?

(VERBO EN PRESENTE DEL INDICATIVO) + "HACE" + "PERÍODO DE TIEMPO".

Ejemplos:

Vivo en México hace 6 años.

Conozco a María hace 3 meses.

(VERBO EN PRESENTE DEL INDICATIVO) + "DESDE" + "FECHA ESPECÍFICA".

Ejemplos:

Vivo en México desde 1974.

Vivo en México desde el 24 de abril.

Conozco a María desde el 2 de enero.

¿"CUÁNTO TIEMPO" + "HACE" + "QUE" + (VERBO EN PRESENTE DEL INDICATIVO)?

Ejemplos:

¿Cuánto tiempo hace que trabajas en esta empresa?

¿Cuánto tiempo hace que eres vegetariano?

¿"CUÁNTO TIEMPO" + "HACE" + "QUE" + "NO" + (VERBO EN PRESENTE DEL INDICATIVO)?

Ejemplos:

¿Cuánto tiempo hace que no ves a tu familia?

¿Cuánto tiempo hace que no hablas con tu hermano?

"NO" + (VERBO EN PRESENTE DEL INDICATIVO) + (OBJETO) + "HACE" + (PERÍODO DE TIEMPO).

Ejemplos:

No veo a mi familia hace 3 semanas.

No hablo con mi hermano hace 4 días.

¡Atención!

Desde LOS 3 (edad)

Desde LAS 3 (hora)

Responder las siguientes preguntas.

1. ¿Hace cuánto tiempo que estudias español? (2 meses)

   ______________________________.

2. ¿Hace cuánto tiempo que están en San Francisco? (5 semanas)

   ______________________________.

3. ¿Desde cuándo Juana habla inglés? (los 3 años)

   ______________________________.

4. ¿Cuánto tiempo hace que jugamos al tenis? (13 años)

   ______________________________.

5. ¿Cuánto tiempo hace que tienen una casa en la playa? (un verano)

   ______________________________.

6. ¿Cuánto tiempo hace que no miramos una película? (5 días)

   ______________________________.

7. ¿Cuánto tiempo hace que no pasamos tiempo con los abuelos? (1 año)
____.

8. ¿Hace cuánto tiempo que Mario trabaja como cocinero? (7 años)
____.

9. ¿Desde cuándo toman vino? (los 18 años)
____.

10. ¿Hace cuánto tiempo que no vamos al cine? (9 meses)
____.

Escribir las preguntas. SUBMIT FOR REVIEW

1. ____.
Hace tres años que no como carne.

2. ____.
Desde hace 2 meses que soy taxista.

3. ____.
Hace 4 días.

4. ____.
Desde el 18 de julio.

5. ____.
Desde hace 5 años.

☞ ***Diálogo.***

La entrevista (parte tres).

¿Hace cuánto tiempo que estudia inglés?

Estudio inglés desde los tres años porque fui a una escuela bilingüe. Hablo tan bien inglés como español.

¿Sabe escribir también?

Sí, sé escribir en inglés.

¿Cuándo puede empezar a trabajar? ¿Está disponible esta semana?

Puedo empezar a trabajar en cualquier momento, pero mañana estoy ocupado. ¿Es un problema?

No, no lo es. Solamente quiero confirmar su disponibilidad. ¿Podría comenzar la semana que viene?

Sí, la semana que viene puedo empezar a trabajar.

Bueno, muy bien. Le voy a dar una oportunidad. Usted parece ser una persona seria y responsable. Además, necesitamos una persona bilingüe para hacer la traducción de nuestra página web. ¿Tiene algún problema en que esa sea su primera tarea?

No, para nada. Puedo hacer traducciones sin problema. Traduzco del español al inglés desde hace mucho tiempo.

Está bien, en estos días nos comunicamos con usted para confirmar su presencia aquí la semana próxima.

Muchas gracias. Tengo muchas ganas de empezar. Creo que este trabajo me va a gustar mucho.

Adiós.

Chau, muchas gracias.

Gracias a usted.

Escribe una pregunta con la información dada y responde.

Ejemplo: Ir a la universidad/él 2 años.

¿Hace cuánto tiempo que él va a la universidad? Hace 2 años que va a la universidad.

1. Tener ese auto/ellos 23 de marzo

____

____

2. Vivir con Juan/ella 1 mes

____

____

3. Entrenar/ustedes 2010

____

____

4. Estudiar cocina/tú 5 semanas

____

____

5. No hablar con su amigo/ellos 2 años

____

____

6. Escribir para el periódico/ella ayer

____

____

7. No llamar a tu madre/tú 3 días

____

____

8. Trabajar como policías/ustedes 2009

____

____

9. No ir al médico/José el lunes

____

____

10. Estar-esperar/tú las 5 de la tarde

____

____

Adjetivos demostrativos

Los adjetivos demostrativos nos sirven para mostrar o señalar una cosa o a una persona. También nos ayuda a saber la distancia entre una cosa y la persona que habla.

Masculino singular:

Este auto me gusta mucho.	ESTE		
Ese auto me gusta mucho.		ESE	
Aquel auto me gusta mucho.			AQUEL

Masculino plural:

Estos autos me gustan mucho.	ESTOS		
Esos autos me gustan mucho.		ESTOS	
Aquellos autos me gustan mucho.			AQUELLOS

Femenino singular:

Esta pollera me gusta mucho.	ESTA		
Esa pollera me gusta mucho.		ESA	
Aquella pollera me gusta mucho.			AQUELLA

Femenino plural:

Estas polleras me gustan mucho.	ESTAS		
Esas polleras me gustan mucho.		ESAS	
Aquellas polleras me gustan mucho.			AQUELLAS

Completar con el adjetivo demostrativo que corresponda.

1. Me gustan ______________ zapatos que tengo en la mano. *¿Y ______________ que tengo yo, te gustan?* Sí, pero me gustan más ________________ que están en la vidriera.

2. ¿Comemos en ________________ restaurante o en ________________ que está en la esquina? *Mejor en ________________ que está más cerca.*

3. ¿Te gusta ________________ música que estoy escuchando ahora? *Sí, me gusta.*

4. ¿De quién son ________________ libros? (los tengo en mis manos)

5. ¿________________ mujer, es tu mamá? *¿Cuál?* La que está hablando con el carnicero. *Sí ________________ es mi mamá.*

Completar con el adjetivo demostrativo que corresponda: este (cerca)/ese (más o menos cerca)/aquel (lejos).

1. _________ (cerca) pollera es grande.

2. _________ (+ o -) camisa es de papá.

3. _________ (lejos) pantalones grises no me gustan.

4. El vestido que está en vidriera no me gusta, pero _________ (+ o -) que tenés vos, me encanta.

5. _________ (cerca) medias están rotas.

6. _________ (lejos) remera azul es horrible.

7. Me gusta mucho la combinación de colores de _________ (lejos) dos corbatas.

8. _________ (cerca) zapatos me lastiman los pies.

9. _________ (+ o -) botas que tiene Susana son de cuero.

10. Necesito un impermeable para la lluvia. Creo que voy a comprar _________ (lejos) que está allá.

¡Atención!

'Esto y eso' son pronombres neutros.

¿Qué es esto? Es una piedra que traje de Cuba.

¿Qué es eso? No sé, debe ser torta de ayer, límpialo.

Opcional/No es necesario que esté en la oración			**Obligatorio/Tiene que estar en la oración.**		
Preposición A	Pronombre preposicional		Pronombre objeto indirecto	Verbo gustar	Sustantivo o verbo
A	mí	no	me	gusta	dormir.
A	vos	no	te	gusta	cocinar.
A	ti	no	te	gustan	las comedias.
A	ella	no	le	gusta	el helado de chocolate.
A	él	no	le	gusta	la comida casera.
A	Juan	no	le	gustan	las películas de acción.
A	usted	no	le	gusta	el libro de Borges.
A	usted	no	le	gustan	los libros de Borges.
A	nosotros	no	nos	gusta	el vino tinto.
A	nosotras	no	nos	gustan	los vinos chilenos.
A	ustedes	no	les	gusta	la música latina.
A	ustedes	no	les	gustan	las canciones de Shakira.
A	vosotros	no	os	gusta	la lección.
A	ellas	no	les	gusta	trabajar en el jardín.
A	ellos	no	les	gustan	las barbacoas.
A	Juan y a Carlos	no	les	gusta	comer carne.

GUSTA + SUSTANTIVO SINGULAR
GUSTA + VERBO INFINITIVO
GUSTAN + SUSTANTIVO EN PLURAL

Escribir el pronombre objeto indirecto que corresponda.

1. A mi hermano _______________ gusta dormir hasta el mediodía.
2. A Romina _______________ gustan las revistas de moda.
3. Al papá de Mario _______________ gusta mucho el chocolate.
4. A mí _______________ gustan las comedias románticas.
5. A ti _______________ gusta andar en bicicleta.
6. A él _______________ gustan los deportes.
7. A nosotros _______________ gusta ir a la playa.
8. A ustedes _______________ gusta pescar.
9. A ellos _______________ gusta la comida mexicana.
10. A Juan y a Patricia _______________ gusta ese libro de historia.
11. A Pía y a Teresa _______________ gustan los helados caseros.
12. A vos _______________ gustan los autos importados.

Para preguntar solo tenemos que agregar el signo de pregunta:

¿Te gusta estudiar alemán?	*Sí, me gusta (estudiar alemán).*
¿Les gusta el hotel?	*No, no nos gusta (el hotel).*
¿A Mónica, le gusta la carne?	*Sí, le gusta mucho.*

Completar con el verbo gustar según corresponda.

1. ¿Te _______________ recibir postales?
2. A Leonardo le _______________ los juegos de mesa.
3. ¿Les _______________ cocinar?
4. Me _______________ pasar tiempo con mis sobrinos.
5. ¿Señora, le _______________ el cuadro?
6. Nos _______________ vivir en los suburbios.
7. A Ignacio y a Esteban les _______________ los muebles antiguos.
8. A María le _______________ nadar y andar en bicicleta.
9. ¿Javier, te _______________ la casa de Mónica?
10. A mí me _______________ todo.
11. No, no me _______________ limpiar la casa.

Verbo caer bien/mal

En español, cuando queremos expresar que una persona nos gusta o no (no en sentido romántico) decimos que "nos cae bien/mal" y se conjuga igual que el verbo gustar.

Ejemplos:

(A mí) Tu madre me cae bien.

(A vos) Te caen bien los hermanos de Hugo.

José me cae muy bien, es una muy buena persona.

No me cae bien el hijo de Roxana, es muy arrogante.

Mi cuñado me cae mal.

¿Te cae bien el primo de Soledad? *Sí, me cae muy bien.*

No me cae para nada bien el nuevo empleado.

Escribir oraciones con la información dada.

Por ejemplo: A mí/caer/mal/mis jefes. *A mí me caen mal mis jefes.*

1. A mí/caer/bien/mis compañeros de trabajo.

 ____

2. A ti/caer/muy bien/su padre.

 ____

3. A Ignacio/caer/bien/su maestra de historia.

 ____

4. A nosotros/caer/mal/el electricista.

 ____

5. A ellos/caer/muy bien/sus tíos.

 ____

Otros verbos como gustar

Verbos:	Ejemplo:
Encantar	Te encanta la ventana grande.
	Te encantan las casas antiguas.
Fascinar	Le fascina decorar departamentos modernos.
	Le fascinan los departamentos modernos.
Preocupar	Les preocupa la humedad en la pared.
	Me preocupan las cañerías de la cocina.
Molestar	¿Te molesta la música?
	No, me molestan los gritos.
Doler	Le duele la cabeza.
	Le duelen las piernas.*

**Ver el verbo doler en parte 5*

Quedar	Los pantalones te quedan bien.
	La camisa te queda grande.
	El vestido te queda corto.*

**Ver el verbo quedar en parte 5*

Subrayar la opción correcta.

1. Me encanta/encantan los autos antiguos.
2. A mi hermano le fascina/fascinan el asado.
3. ¿Les preocupa/preocupan la economía del país?
4. ¿Señor, cómo le queda/quedan los pantalones?
5. ¿Te gusta/gustan este color de alfombra?
6. Nos preocupa/preocupan la cantidad de cigarrillos al día que fumas.
7. Le molesta/molestan la música de los vecinos.
8. Me cae/caen bien los padres de su novia.
9. ¿Te encanta/encantan la torta que prepara?
10. ¿A ustedes les interesa/interesan la economía?
11. ¿A ustedes les preocupa/preocupan los problemas económicos?

Completar los espacios en blanco con:

ME	CAE BIEN/MAL
TE	CAEN BIEN/MAL
LE	GUSTA
NOS	GUSTAN
LES	

1. A mí ____________________ tus zapatos.
2. A mí su padre no ____________________.
3. A mí ____________________ mis compañeros de trabajo.
4. ¿A ti ____________________ el color de mi saco?

5. ¿A ustedes ____________________ sus suegros?

6. Nuestro yerno ____________________. Es muy bueno.

7. A mis abuelos ____________________ los dulces.

8. A Nicolás ____________________ Sofía. Quiere invitarla a salir.

9. A Lucas y a Tomás ____________________ la natación.

10. A nosotros ____________________ el novio de nuestra hija.

11. A Jorge y a mí ____________________ los vecinos, siempre hacen ruido.

Completar los espacios en blanco con los siguientes verbos conjugados como gustar: gustar, caer (bien/mal), encantar, interesar, molestar y el pronombre objeto indirecto que corresponda.

1. A mí __________________________ este pantalón blanco.

2. ¿A ti __________________________ los padres de Juan?

3. ¿(A ti) __________________________ las camisas?

4. ¿__________________________la política a Lola?

5. __________________________ los colores de esa falda a mí.

6. A nosotros __________________________ los amigos de nuestra hija. Son todos muy amables.

7. A tus padres ¿ __________________________ viajar?

8. A mí __________________________ mucho tus aros. ¿Son de oro?

9. ¿A tu marido __________________________ su yerno?

10. A ustedes, ¿__________________________ mi nuevo vestido naranja?

11. ¿Por qué no __________________________ la profesora de inglés a José?

12. La novia de Jorge ____________________, es muy arrogante.

13. A mis hermanos ____________________ los postres de la abuela.

14. A mis amigos no ____________________ los autos importados.

15. A la abuela ____________________ la música de los vecinos.

La casa

☞ ***Lectura.***

Buscando casa (parte uno).

Mabel tiene que mudarse a fin de mes. Quiere vivir en una casa y no en un apartamento porque tiene dos perros y muchas plantas. El problema es que no tiene mucho dinero. Ahora busca casa.

Lee el periódico todas las mañanas y marca en el diario los avisos que le interesan. Hoy por la tarde tiene que ir a ver dos casas.

La primera casa no le gusta mucho. Está un poco lejos del centro y el jardín es muy pequeño para dos perros.

Las habitaciones son pequeñas y oscuras. Ella necesita luz natural para trabajar porque es pintora. Los cuartos no tienen armarios y no hay espacio suficiente para muebles.

La cocina no es muy grande, pero como Mabel no cocina, no es un gran problema.

La sala es el único cuarto luminoso de la casa porque tiene una ventana enorme, casi tan grande como toda la pared.

El baño es perfecto porque está completamente remodelado. Tiene paredes blancas, el piso es blanco y negro. Tiene un espejo enorme y una bañera gigante.

Cuando pregunta el precio la dueña responde que es negociable. Mabel responde que tiene que pensar antes de tomar una decisión.

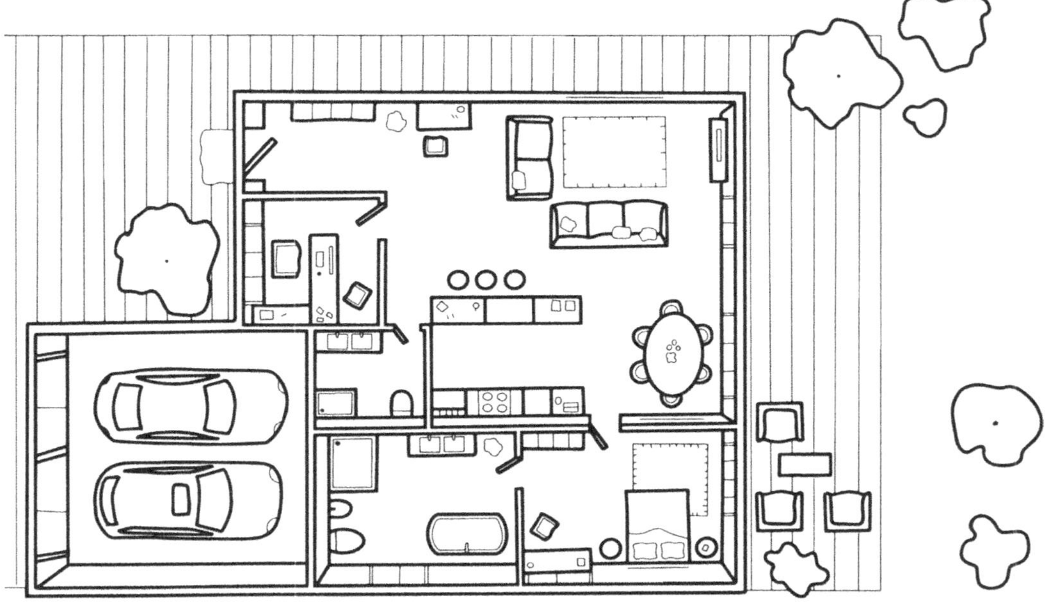

Describe la casa según la ilustración.

SUBMIT FOR REVIEW

☞ *Vocabulario:*

Partes de la casa, apartamento o departamento:

- La habitación, el cuarto, la pieza, la recámara o el dormitorio
- El comedor diario
- El escritorio o la oficina
- El lavadero o el cuarto de servicio
- La cocina
- El living, la sala, el salón o la sala de estar
- El cuarto de baño o el baño
- La ducha
- El pasillo
- La terraza
- El balcón
- El patio
- El jardín
- El ático, el altillo o el desván
- El sótano
- El garaje
- La cerca
- El timbre
- La puerta
- La pared o el muro
- La chimenea
- La ventana
- El buzón

Adjetivos:

- Amplio
- Pequeño o chico
- Grande
- Alto (techo)
- Bajo
- Luminoso
- Oscuro
- Amueblado
- Refaccionado
- Remodelado o restaurado
- Buena ubicación
- Nuevo
- Viejo
- Antiguo
- Moderno

Muebles:

- La cama
- El armario, el clóset o el placard
- El espejo
- La mesa de luz o mesa de noche
- El velador
- El colchón
- La almohada
- El almohadón o el cojín
- La mesa
- La silla
- El televisor
- La lámpara
- El escritorio
- La biblioteca
- El estante
- La computadora o el computador
- El lavarropas o la lavadora
- El secarropas o la secadora
- El lavavajillas o el lavaplatos
- La pileta o el fregadero
- El refrigerador, la heladera o la nevera
- El horno
- El horno microondas
- La canilla o el grifo
- La mesa ratona, mesa de sala, mesa baja
- El sillón
- El sofá
- La cortina
- La alfombra
- La bañadera, la bañera o la tina
- El inodoro
- El lavamanos, el lavatorio o el lavabo
- La cajonera
- El cajón o la gaveta
- El felpudo

☞ *Lectura.*

Buscando casa (parte dos).

La segunda casa es mucho mejor.

Es una casa bien ubicada. Es antigua, pero está completamente refaccionada.

Tiene un jardín muy grande y una terraza enorme. La terraza es un lugar perfecto para pintar.

Los cuartos son muy luminosos. Hay solo un dormitorio, pero hay otro cuarto que puede ser usado como oficina. En ambas habitaciones hay armarios antiguos como le gustan a Mabel.

La sala es muy grande entonces puede poner un juego de sillones y también hay lugar para poner una mesa con seis sillas para usar como comedor.

Hay dos baños en la casa y los dos están completamente remodelados. Parecen nuevos.

En todos los cuartos hay alfombras nuevas de muy buena calidad.

Mabel pregunta el precio del alquiler y sonríe cuando escucha que el precio es económico.

Pregunta si la casa está disponible ahora mismo y la dueña responde que sí, que puede mudarse mañana si es necesario.

Mabel está muy contenta y piensa que es la casa perfecta porque tiene un jardín grande para sus perros, una terraza para poder pintar y está cerca del centro.

Preposiciones de lugar (locuciones preposicionales)

Los estantes están sobre el escritorio.

El gato está dentro del bote de la basura = adentro de

La computadora está encima del escritorio.

El tacho de basura está debajo del escritorio = abajo de

La silla está delante del escritorio = adelante de

La radio está al lado de la planta.

Las carpetas están junto a la caja.

El portalápiz está entre la lámpara y la computadora.

La tijera está en el portalápiz.

Completar los espacios en blanco con la preposición de lugar que corresponda.

1. Estoy estudiando ______________ México.

2. ¿Ves mis llaves? *Sí, están ______________ la mesa ______________ periódico.*

3. Juan está en la primera fila ______________ María, su mujer.

4. Puedes estacionar ______________ esa camioneta, hay suficiente lugar.

5. Quiero sentarme ______________ mi madre porque está viejita y posiblemente necesite ayuda para levantarse.

6. ¿Nos encontramos _______________ o fuera del edificio?

7. ¿Puedes sacar los libros que están _______________ la mesa que vamos a comer?

8. Las monedas están _______________ el monedero.

Describe tu casa en forma oral y luego escrita. SUBMIT FOR REVIEW

____

____

____

____

____

____

____

____

____

____

____

REPASO

1. Yo no ____________________ (comer) pescado. No ____________________ gusta para nada.
2. ¿Desde hace ____________________ tiempo que trabajas aquí?
3. ¿____________________ preocupa la salud de tu marido a ti?
4. ¿____________________ se llaman tus hijos?
5. Nos ____________________ (encantar) la nueva canción de Tupac.
6. ¿____________________ (votar) siempre, ustedes?
7. Mi esposo y su hermano ____________________ (correr) en las montañas los sábados y domingos por la mañana.
8. Ellos ____________________ (ahorrar) porque quieren vivir en otra ciudad.
9. ¡Nos ____________________ (caer) tan bien la novia de nuestro hijo Tomás!
10. ¡Me ____________________ (gustar) mucho tu chaqueta!
11. ¡Qué ____________________ que juega al fútbol ese jugador!
12. ____________________ (escribir/nosotros) cientos de emails todos los días.
13. ¡____________________(esa/este/aquel) es su silla!
14. ¿Sabes hablar inglés? *Sí,* ____________________.
15. Vivimos en esta casa ____________________ el 2009.
16. Vivimos en esta casa ____________________ tres años.
17. Vivimos en esta casa desde ____________________ dieciocho años.
18. Espero a mi hermano desde ____________________ cuatro de la tarde.
19. Señor, ____________________ (poder) pasar.

PARTE 3

El presente

Verbos como temblar

TEMBLAR: cambiamos la e por la ie. En este tipo de verbos vos, nosotros y vosotros conservan la raíz.

Yo tiemblo

Vos temblás

Tú tiemblas

Ella tiembla

Nosotros temblamos

Ustedes tiemblan

Vosotros tembláis

Ellos tiemblan

Verbos como temblar: gobernar, sembrar, tentar, cerrar, apretar, atravesar, calentar, despertar, entre otros.

Completar los espacios en blanco con el verbo conjugado.

1. Abril ______________ (temblar) de frío porque no tiene campera de invierno.
2. Si ______________ (atravesar/ustedes) el parque, llegan más rápido porque el camino es más corto.
3. ¿______________ (cerrar/yo) la puerta o la dejo abierta?
4. ¿Qué estás haciendo? ______________ *(calentar/yo) agua para tomar un té.*
5. El presidente ______________ (gobernar) sin la aprobación del Congreso.
6. ¿Llueve? *No,* ______________ *(nevar).*
7. ¿Por qué ______________ (encerrar) al perro en el sótano?

Verbos como querer

QUERER: cambiamos la e por la ie. En este tipo de verbos vos, nosotros y vosotros conservan la raíz.

Yo quiero

Vos querés

Tú quieres

Él quiere

Nosotros queremos

Ustedes quieren

Vosotros queréis

Ellas quieren

Verbos como querer: ascender, atender, descender, perder, defender, entender, encender, entre otros.

Completar los espacios en blanco con el verbo conjugado.

1. La temperatura ______________ (ascender) por la tarde.
2. Las enfermeras ______________ (atender) a los enfermos.
3. Siempre ______________ (perder/él) las llaves.
4. Nosotros ______________ (perder) todas las semanas, no ______________ (querer/yo) jugar más.
5. No sé por qué siempre ______________ (defender/tú) a los deshonestos.
6. Enrique no ______________ (entender) los ejercicios de gramática.
7. ¿______________ (encender/tú) la luz por favor?
8. La deuda ______________ (descender) a $3.456 este mes.

Verbos como preferir

PREFERIR: cambiamos la e por la ie. En este tipo de verbos vos, nosotros y vosotros conservan la raíz.

Yo prefiero

Vos preferís

Tú prefieres

Usted prefiere

Nosotros preferimos

Ustedes prefieren

Vosotros preferís

Ellos prefieren

Verbos como preferir: advertir, convertir, hervir, invertir, mentir, sugerir, entre otros.

Completar los espacios en blanco con el verbo conjugado.

1. Te ______________ (advertir/yo) que, si llegas tarde otra vez, vamos a reemplazarte.
2. ¿______________ (invertir/tú) en la bolsa?
3. Nosotros no ______________ (mentir), Oscar es la única persona que ______________ (mentir).
4. ¿______________ (hervir) el agua?
5. Te ______________ (sugerir/yo) que te abrigues porque hace mucho frío.
6. Todo lo que Nicolás toca lo ______________ (convertir) en oro.
7. Cada vez que yo presto dinero me ______________ (arrepentir/yo).
8. Ellos ______________ (transferir) el dinero a tu cuenta el viernes.

Verbos como pedir

PEDIR: cambiamos la e por la i. En este tipo de verbos vos, nosotros y vosotros conservan la raíz.

Yo pido

Vos pedís

Tú pides

Ella pide

Nosotros pedimos

Ustedes piden

Vosotros pedís

Ellas piden

Verbos como pedir: despedir, impedir, medir, repetir, servir, vestir, entre otros.

Completar los espacios en blanco con el verbo conjugado.

1. ______________ (despedir/yo) a mis amigos en el aeropuerto.
2. La policía ______________ (impedir) robos.
3. El ingeniero ______________ (medir) las columnas.
4. La madre ______________ (vestir) a sus hijos todas las mañanas.
5. La profesora ______________ (repetir) la explicación varias veces.
6. ¿Te ______________ (servir/yo) la cena en la sala o quieres comer en la cocina?
7. El sol del mediodía ______________ (derretir) la nieve.
8. ______________ (competir/nosotros) en el campeonato nacional.

Verbos como contar

CONTAR: cambiamos la o por la ue. En este tipo de verbos vos, nosotros y vosotros conservan la raíz.

Yo cuento

Vos contás

Tú cuentas

Él cuenta

Nosotros contamos

Ustedes cuentan

Vosotros contáis

Ellos cuentan

Verbos como contar: acordar, acostar, apostar, aprobar, demostrar, descontar, desaprobar, mostrar, probar, recordar, sonar, soñar, entre otros.

Completar los espacios en blanco con el verbo conjugado.

1. Diego y yo _______________ (acordar) en vernos la semana que viene.
2. _______________ (acostar/yo) a los niños y cenamos.
3. Mariel _______________ (apostar) dinero en el casino.
4. Te _______________ (descontar/yo) el 10% si pagas en efectivo.
5. Pablo _______________ (mostrar) su nuevo auto a sus compañeros de oficina.
6. Si _______________ (desaprobar/yo) el examen mis padres me castigarán.
7. _______________ (soñar) con comprar una nueva casa para mi familia pronto.
8. El teléfono _______________ (sonar). ¿Puedes atender, por favor?

Verbos como dormir

DORMIR: cambiamos la o por la ue. En este tipo de verbos vos, nosotros y vosotros conservan la raíz.

Yo duermo

Vos dormís

Tú duermes

Usted duerme

Nosotras dormimos

Ustedes duermen

Vosotros dormís

Ellos duermen

Verbo como dormir: morir

Completar los espacios en blanco con el verbo conjugado.

1. _______________ (morir/yo) de hambre, ¿tienes algo para comer?
2. Los bebés comen y _______________ (dormir) todo el día.
3. Cada vez que pasamos tiempo con mis abuelos nos _______________ (morir) de risa.
4. ¿_______________ (dormir) la siesta todos los días?

Verbos como concluir

CONCLUIR: verbos que terminan en 'uir'. Cambiamos la 'i' por una 'y'. En este tipo de verbos vos, nosotros y vosotros son regulares.

Yo concluyo

Vos concluís

Tú concluyes

Ella concluye

Nosotros concluimos

Ustedes concluyen

Vosotros concluís

Ellas concluyen

Verbos como concluir: contribuir, construir, distribuir, incluir, obstruir, entre otros.

Completar los espacios en blanco con el verbo conjugado.

1. Si ______________ (obstruir/tú) la justicia, puedes tener problemas muy serios.
2. Nosotros ______________ (contribuir) con nuestro tiempo y la empresa ______________ (contribuir) con dinero.
3. ______________ (intuir/yo) que algo va a pasar.
4. Mariela______________ (retribuir) la ayuda recibida trabajando como voluntaria.
5. Los alumnos ______________ (distribuir) volantes para juntar dinero y así poder hacer el viaje de estudios.
6. La compañía ______________ (construir) casas para sus empleados a muy bajo costo.
7. La fuerte tormenta ______________ (destruir) los caminos de la ciudad.
8. La corriente del río ______________ (disminuir) notablemente durante el invierno.

Otros verbos con primera persona del singular irregular

Hay verbos que son irregulares solamente en la primera persona del singular.

CONO<u>CER</u>: cambiamos la C por la ZC.

Yo conozco

Vos conocés

Tú conoces

Ella conoce

Nosotros conocemos

Ustedes conocen

Vosotros conocéis

Ellos conocen

Verbos que se conjugan como conocer son: agradecer, complacer, crecer, merecer, establecer, reconocer, ofrecer, aparecer, empalidecer, envejecer, humedecer, entre otros.

<u>Completar los espacios en blanco con el verbo conjugado.</u>

1. ¿______________ (conocer/tú) a mis padres?
2. Las plantas no ______________ (crecer) fuertes por la falta de luz natural.
3. Daniel es como un fantasma, ______________ (aparecer) y ______________ (desaparecer) sin que nadie lo vea.
4. ______________ (reconocer/yo) que me equivoqué y te pido disculpas.
5. ¿Por qué ______________ (aborrecer/tú) tanto la clase de historia?
6. ¿Crees que me ______________ (parecer/yo) a mi madre?
7. En invierno los días son muy cortos porque ______________ (oscurecer) muy temprano.
8. Nosotros te ______________ (ofrecer) un trabajo si tú nos prometes ser responsable.

TRADUCIR: cambiamos la C por la ZC.

Yo traduzco

Vos traducís

Tú traduces

Él traduce

Nosotros traducimos

Ustedes traducen

Vosotros traducís

Ellas traducen

Verbos que se conjugan como traducir: conducir, producir, deducir, inducir, reducir, entre otros.

Completar los espacios en blanco con el verbo conjugado.

1. ______________ (conducir/yo) camiones desde que tengo 16 años.
2. ______________ (producir/nosotros) 10 películas al año.
3. Después de la reunión, ______________ (deducir/nosotros) que no habrá despidos.
4. Ricardo ______________ (conducir) un programa de radio por la mañana.
5. El artista ______________ (reproducir) obras de pintores famosos.
6. Los gerentes ______________ (reducir) la jornada laboral por problemas financieros.
7. ______________ (introducir/yo) la contraseña, pero el programa no la toma.
8. ______________ (deducir/nosotros) el significado del jeroglífico después de años de estudios.

Completar conjugando los verbos en el presente del indicativo.

1. ¿______________ (conocer/tú) a mi mamá? *No, no la ______________ (conocer), pero sí ______________ (conocer) a tu papá. ______________ (trabajar) en el banco con mi hermana.*

2. ¿Qué______________ (hacer/tú)? ______________ *(traducir/yo) una página web para una agencia de turismo.*

3. ______________ (agradecer/yo) el esfuerzo que pones al trabajar. ______________ (ser) muy bueno para la compañía.

4. ______________ (creer/yo) que ______________ (merecer/yo) un aumento de sueldo. Últimamente estuve trabajando muchísimo.

5. ¡Hola María! ¿No me ______________ (reconocer/tú)? *No. ¿De dónde nos ______________ (conocer)?* Nos ______________ (conocer) del colegio secundario. Mi nombre ______________ (ser) Leticia, Leticia Medina.

Escribir 5 oraciones en presente en la primera persona del singular con verbos como conocer y traducir.

SUBMIT FOR REVIEW

1. ____

2. ____

3. ____

4. ____

5. ____

Otros verbos que también son irregulares solamente en la primera persona del singular:

Completa.

Dar Yo doy

Vos das

Tú ______________

María ______________

Juan y yo ______________

Ustedes ______________

Las chicas ______________

Saber Yo sé

Vos ______________

Pablo ______________

Nosotras ______________

Ustedes ______________

Juana y Valeria ______________

Poner Yo pongo

Vos ______________

Ella ______________

Verbos como poner: componer, proponer, suponer, entre otros.

Salir Yo salgo

Nosotros ______________

Ellos ______________

Verbos como salir: sobresalir.

Traer Yo traigo

Ellos ______________

Vos ______________

Nosotros ______________

Verbos como traer: atraer, distraer, contraer, entre otros.

Usos de saber y conocer

Antes de continuar con más verbos irregulares vamos a ver cuál es la diferencia entre los verbos saber y conocer.

Estos dos verbos tienen diferentes significados en español. Comúnmente se dice que 'saber' es para hablar de información y de hechos y que 'conocer' es para expresar familiaridad con personas, lugares o cosas.

Ejemplos verbo 'saber':

¿Sabes dónde está Ignacio?

No sé, recién llego. ¿Lo llamaste?

No sé su número. ¿Tú lo sabes?

¿Saben qué pasa?

Julia sabe, pregúntale a ella.

¿Sabes andar en bicicleta?

¡Claro! Sé desde que tengo 10 años.

¡Vamos al río este fin de semana! ¿Quieres venir con nosotros?

¡No sé nadar!

¿Sabes que María y Tomás están casados?

Sí, sabemos, somos los testigos.

¿Sabes cuál es la capital de Perú?

Caracas.

No, esa es la capital de Venezuela. ¡No sabes nada de geografía!

¿Ustedes saben cómo se dice "hola" en alemán?

No porque no sabemos nada de alemán.

Federico sabe de memoria todos los poemas de Mario Benedetti.

Saber + infinitivo:

¿Saben cocinar?

Sí, sabemos.

¿Vos sabés tocar el piano?

No, no sé.

Algunas expresiones con el verbo saber:

¿Qué sabes de Juan? Hace mucho que no sé nada de él...

Sé de un buen restaurante para llevar a los clientes.

No sabe lo que dice.

Habla con ella, María sabe escuchar.

¿Quién sabe?

¡Yo que sé!

Andá a saber...

Ejemplos verbo 'conocer':

Conocer + A + persona:

¿Conoces a Carolina?

Sí, conozco a Carolina.

¿Conocen a la madre de Juliana?

Sí, conocemos a su madre

Conocer + nombre de un lugar:

¿Conoces Nueva York?

Sí, conozco. Voy dos veces por año.

Completar los espacios en blanco con los verbos saber y conocer según corresponda.

1. ¿_______________ tus amigos que estás acá?
2. ¿_______________ (vos) jugar al golf?
3. ¿_______________ (Jorge) a los padres de su novia?
4. ¿_______________ (ustedes) cómo se dice "adiós" en japonés?
5. ¿Qué día es hoy? *No _______________ (yo), no tengo idea.*
6. Quiero _______________ a tu amiga Paula.
7. ¿_______________ (tú) bien a tus vecinos?

8. ¿_______________ (ustedes) qué día regresan sus padres? *Sí* _______________. *Vuelven el 14 de septiembre.*

9. Ellos no _______________ a los nuevos empleados.

10. Los guías _______________ muy bien estos lugares.

11. ¿_______________ (ustedes) si acá se puede usar el teléfono?

12. ¿Qué _______________ (vos) de Juan Carlos? ¡Hace años que no lo veo!

13. ¿Hace cuánto tiempo _______________ a Cecilia?

14. ¿_______________ (tú) a qué hora cierra el supermercado?

15. ¿_______________ (usted) dónde viven los primos de Santiago?

Verbos con cambio de ortografía

Hay verbos que cambian su ortografía para conservar el sonido del infinitivo.

Proteger	yo ~~protego~~	yo protejo	
Recoger	yo ~~recogo~~	yo recojo	**Cambia la G por la J**
Encoger	yo ~~encogo~~	yo encojo	
Fingir	yo ~~fingo~~	yo finjo	
Distinguir	yo ~~distinguo~~	yo distingo	**Elimina la U**
Extinguir	yo ~~extinguo~~	yo extingo	
Convencer	yo ~~convenco~~	yo convenzo	**Cambia la C por la Z**
Ejercer	yo ~~ejerco~~	yo ejerzo	

Más verbos irregulares:

Oír

Yo oigo
Vos oís
Tú oyes
Ella oye
Nosotros oímos
Vosotros oís
Ustedes oyen
Ellos oyen

Verbos como oír: desoír

Venir

Yo vengo
Tú vienes
Vos venís
Ella viene
Nosotros venimos
Ustedes vienen
Vosotros venís
Ellos vienen

Decir

Yo digo
Vos decís
Tú dices
Él dice
Nosotros decimos
Ustedes dicen
Vosotros decís
Ellos dicen

Verbo como decir: bendecir

Completar conjugando el verbo según corresponda.

1. ¿_______________ (salir) tú todas las noches? *No, _______________ (salir) solamente los fines de semana.*
2. Riego las plantas todos los días así _______________ (crecer) sanas y fuertes.
3. ¿_______________ (vos-reconocer) cuando te equivocás? *Sí, generalmente _______________ (reconocer) mis errores.*
4. Soy traductor, _______________ (traducir) libros de español a inglés.
5. ¿Desde qué edad _______________ (conducir) ustedes? _______________ *(conducir) desde los 18 años.*
6. ¡Otra vez tengo que poner la mesa yo! *Sí, mañana la _______________ (poner) tu hermano.*
7. ¿_______________ (traer) la comida nosotros o la _______________ (traer) ellos?
8. Mariana siempre _______________ (fingir) que está enferma para no ir a trabajar.
9. Siempre _______________ (yo-convencer) a la gente para hacer lo que quiero.
10. ¿_______________ (ellos-ofrecer) su ayuda cuando alguien los necesita?
11. Yo no _______________ (merecer) esto.
12. ¡Tu piel _______________ (envejecer) tan rápidamente porque siempre estás al sol sin protector solar!
13. Nosotros _______________ (conocer) a los nuevos profesores de matemática.
14. ¿_______________ (tú-agradecer) cuando alguien te hace un regalo?
15. ¿_______________ (vos-tener) hambre? *¡Sí, _______________ (tener) hambre y sed!*
16. Rodrigo _______________ (suponer) que el avión llega a las 3 de la tarde, pero no _______________ (estar) seguro.

17. Me gusta mucho la música que ________________ (vos-componer). *Gracias, solo ________________ (yo-componer) cuando estoy inspirado.*

18. El problema es que ustedes no ________________ (distinguir) entre el bien y el mal.

<u>*Conjugar los verbos según corresponda.*</u>

1. Algunos jóvenes ________________ (vivir) solos a partir de los 25 años.

2. En general, las madres ________________ (cocinar) para toda la familia y ________________ (ordenar) los cuartos de sus hijos. ________________ (hacer) las camas y ________________ (guardar) la ropa. También ________________ (lavar) y ________________ (planchar) la ropa.

3. Las familias ________________ (ser) muy numerosas. Hay mujeres que ________________ (tener) 8 hijos o más.

4. ________________ (celebrar/ellos) los cumpleaños, bautismos, casamientos y hasta Navidad y Año Nuevo todos juntos. Esto incluye no solo a los padres y a los hermanos, sino también a los tíos, primos y abuelos.

5. Todos ________________ (comer) juntos cuando pueden. La madre________________ (preparar) el desayuno, el almuerzo y la cena.

6. La merienda, por lo general ________________ (ser) para los chicos, pero como ________________ (cenar) entre las 8.30-10 PM, todos ________________ (comer) algo cuando llegan a sus casas del trabajo.

<u>*Conjugar los verbos entre paréntesis.*</u>

1. Los lunes por la mañana ________________ (salir/yo) bien temprano en la mañana.

2. ¿________________ (traer/yo) los documentos?

3. No te ________________ (oír/yo) muy bien, ¿________________ (poder/tú) hablar más alto?

4. ¿________________ (saber/tú) qué hora es?

5. Siempre ________________ (proteger/yo) a los animales.

6. Mi hija me _______________ (convencer) para ir al parque.

7. ¿_______________ (venir/ustedes) con nosotros?

8. No _______________ (conocer/yo) a tus padres.

9. ¿Qué _______________ (hacer/ellos) los fines de semana?

10. Nunca _______________ (hacer/yo) la tarea y por eso no _______________ (poder) aprender rápido.

11. ¿Por qué _______________ (traer/nosotros) todo esto nosotros y ellos no _______________ (traer) nada?

12. ¿Para qué _______________ (ahorrar/nosotros) dinero y nunca _______________ (gastar) nada?

13. Silencio, el bebé _______________ (dormir).

14. Mamá, _______________ (morir/yo) de hambre, ¿_______________ (poder/nosotros) comprar un sándwich?

15. ¿Me _______________ (oír/tú) bien?

16. _______________ (agradecer/yo) todo lo que _______________ (hacer/tú) por mí.

17. ¿A qué hora _______________ (comenzar) la película?

18. Mis hijos no me _______________ (entender).

19. Mi madre _______________ (pensar) que el secarropa no es bueno y _______________ (preferir) poner la ropa al sol. ¿Tu madre usa el secarropa o _______________ (tender) la ropa en el jardín?

20. ¿_______________ (haber) mucha gente afuera?

Oraciones condicionales

En las oraciones condicionales, la posibilidad de que suceda o no la acción, depende de otra acción (la condición). La condición puede ser probable, poco probable o improbable. *En el caso que la acción sea probable usamos el presente del indicativo o el futuro.*

Ejemplos:

Si <u>vienes</u> conmigo, te <u>compro</u> un regalo.

Si <u>comen</u> toda la comida, <u>pueden</u> comer un chocolate de postre.

Si <u>llueve</u>, la fiesta <u>es</u> en mi casa.

Si no <u>llueve</u>, la fiesta <u>es</u> en el parque.

Si <u>estudio</u>, <u>voy a obtener</u> la beca.

Si <u>comes</u> tanto, <u>vas a engordar</u>.

<u>Armar oraciones condicionales probables con el siguiente vocabulario.</u>

1. Dormir 8 horas/tener más energía (tú)

   ____

2. Entrenar/poder correr el maratón (yo)

   ____

3. Aprobar el examen/ir de vacaciones a Puerto Rico (nosotros)

   ____

4. Romina venir a mi casa/poder conocer a Romina (ustedes)

   ____

5. Terminar de trabajar antes de las 6 (vos)/poder ir a cenar juntos (nosotros)

   ____

6. No frenar (tú)/chocar (nosotros)

   ____

7. Sacar la basura (vos)/no haber olor

   ____

8. Mi jefe pagar mi pasaje (él)/ir (yo)

   ____

9. Correr/llegar a tiempo (nosotros)

____

10. Fumar/tener problemas en el futuro (ustedes)

____

¡Vamos a practicar! Responde las siguientes preguntas usando el verbo dado.

1. ¿Lees el periódico comúnmente?

____

2. ¿Compras siempre el mismo periódico?

____

3. ¿Cuál es la sección que más te interesa? (deportes, política, economía)

____

4. ¿Prefieres leer libros o revistas?

____

5. ¿Discutes normalmente sobre política con tus amigos?

____

6. ¿Trabajas los lunes?

____

7. ¿Practicas algún deporte los fines de semana? ¿Cuál/es?

____

8. ¿Comes con amigos los fines de semana?

____

9. ¿Miras la televisión por la mañana?

____

10. ¿Desayunas a la mañana temprano?

____

11. ¿Almuerzas al mediodía?

____

QUERER (en presente) + VERBO EN INFINITIVO (expresa un deseo de hacer algo)

Ejemplos:

Esta tarde quiero preparar la comida para la fiesta.

Quiero sorprender a mi esposo con un viaje para su cumpleaños.

Laura quiere empezar un nuevo trabajo la semana que viene.

PENSAR (en presente) + VERBO EN INFINITIVO (expresa una intención de hacer algo)

Ejemplos:

El año próximo pienso visitar a mi tía que vive en España.

Pensamos abrir una zapatería cuando termine de estudiar.

Mi marido piensa comprar un auto a mi hijo cuando termine el secundario.

No olvidemos que también usamos el presente para hablar del futuro.

Ejemplos:

¿Comemos mañana?

El lunes viajo a Ecuador.

Mi hijo empieza la universidad en febrero.

Para hablar del futuro...	
Mañana	Pasado mañana
Hoy a la tarde, hoy a la noche, etc.	Hoy a la noche
La semana que viene	El mes próximo
El año que viene	El jueves próximo
Mañana a la mañana, mañana a la tarde, etc.	Esta noche
En dos días, en un mes, etc.	Más tarde

Responde las siguientes preguntas usando la construcción ir + a + infinitivo.

1. ¿Qué vas a hacer más tarde?

___

2. ¿Qué vas a cocinar esta noche?

___

3. ¿Qué vas a hacer el próximo fin de semana?

___

Completar las siguientes oraciones.

1. El año que viene... ___

___

2. Pasado mañana... ___

___

3. En una semana... ___

___

4. Más tarde... ___

___

5. El lunes... ___

___

6. En noviembre... ___

___

7. El fin de semana próximo... ___

___

8. Esta noche... ___

___

9. El mes que viene... ___

___

10. Mañana a la mañana... ___

___

☞ ***Lectura.***

¿Conoces Chile?

Chile es un país ubicado en Sudamérica. Limita al norte con Perú, al noreste con Bolivia y al este con Argentina. Entre Argentina y Chile está la cordillera de los Andes.

La capital es Santiago de Chile. Su idioma oficial es el español.

Chile es un país independiente desde el 12 de febrero de 1818.

Tiene las cuatro estaciones: verano, otoño, primavera e invierno.

Bebidas típicas chilenas son el licor de pisco y el vino. El vino chileno es uno de los mejores del mundo.

En cuanto a la fauna, en Chile se pueden encontrar llamas, guanacos, vicuñas, pumas, lobos de mar, huemules (que es un tipo de ciervo), entre otros.

Pablo Neruda (1904-1973) fue un gran poeta, considerado por Gabriel García Márquez "el más grande poeta del siglo XX."

Responde las siguientes preguntas.

1. ¿Conoces Chile?

____

2. ¿Tienes ganas de conocer Chile?

____

3. ¿Conoces algún país de América del sur? ¿Cuál?

____

4. ¿Qué océano baña la costa chilena?

____

5. ¿Sabes qué idioma hablan en Chile?

____

6. ¿Conoces algún poeta chileno?

____

7. ¿Sabes de memoria alguno de sus poemas?

____

8. ¿Sabes qué es una cordillera?

____

9. ¿Quieres conocer algún país de Sudamérica? ¿Cuál/cuáles?

____

Escribe un texto similar al de Chile, pero de tu propio país. SUBMIT FOR REVIEW

____
____
____
____
____
____
____
____
____

El clima

Verbos y expresiones

¿Qué tiempo hace hoy?

Hace sol = está soleado.

¿Hace frío?

¡No! ¡Hace mucho calor, casi 32 grados!

(centígrados)

¿Cómo está el tiempo ahora?

Está nublado y templado.

¿Hay mucha humedad?

¡Sí, hay un 98% de humedad!

¿Hace mucho frío estos días?

No, está fresco, pero no muy frío.

¿Está ventoso?

Sí, hace mucho viento.

¿Hace mucho frío?

No, no hace mucho frío.

¿Nieva?

No, llueve.

¡Cuidado al manejar!

¿Por qué, llueve?

¡No, hay mucha niebla!

¿Qué tiempo hace?

¡Hoy tenemos mucha nieve!

¿Hace mucho frío?

¡No, pero hay mucha nieve! ¡Está todo nevado!

¿Hace mal tiempo hoy?

Sí, graniza.

¿Hace mucho frío?

No, está templado.

¡Qué viento hay!

Sí, está realmente muy ventoso.

¡Hace un calor terrible!

¡Bueno, es verano!

¡Qué frío que es este invierno!

¡Tienes razón, hace muchísimo frío!

¡Qué día! ¡Hoy hace muy mal tiempo!

La tormenta eléctrica asusta al perro…

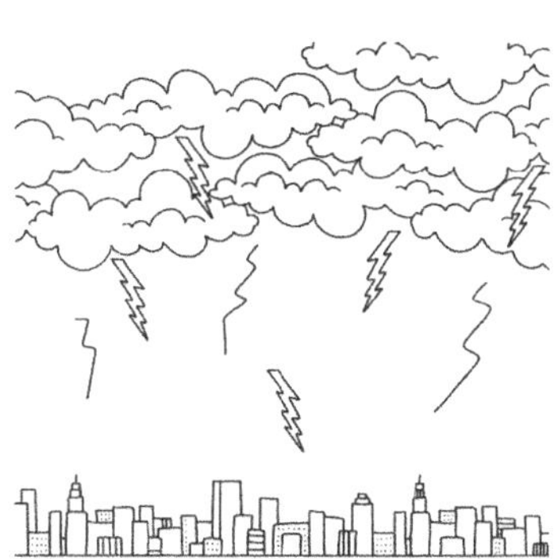

☞ ***Vocabulario***

- De día/de noche
- El calor
- El cielo
- El clima
- El frío
- El granizo
- El tiempo
- El viento
- La humedad
- La llovizna
- La lluvia
- La niebla
- La neblina
- La nieve
- La nube
- La temperatura
- La tormenta
- El trueno
- El relámpago
- El rayo
- Aumentar
- Bajar
- Despejarse
- Disminuir
- Garuar
- Granizar
- Llover
- Lloviznar
- Nevar
- Nublarse
- Subir

☞ ***Vocabulario:***

Estar:

- Cálido
- Despejado
- Frío
- Húmedo
- Lluvioso
- Nublado
- Templado
- Tormentoso
- Soleado
- Ventoso

Haber (hay):

- Humedad
- Neblina
- Niebla

Hacer (hace):

- Calor
- Frío
- Sol

¿Recuerdas el nombre de las cuatro estaciones?

________________ ________________ ________________ ________________

Responde las siguientes preguntas.

1. ¿De dónde eres?

____

2. ¿Cómo es el verano?

____

3. ¿Cómo es el invierno?

____

4. ¿Cuál es tu estación preferida? ¿Por qué?

____

5. ¿Hay alguna estación del año que no te guste?

____

Elige la palabra que mejor complete la oración.

1. Cuando hay mucha __________________________ (sol/niebla/viento) es peligroso manejar.
2. ¡Cómo nieva! Siempre que nieva hay mucha __________________________ (nieve/niebla/viento) en las calles.
3. __________________________ (llueve/viento/tormenta) mucho. Vas a necesitar el paraguas.
4. ¿Qué __________________________ (lluvia/temperatura/granizo) hace? *38º*
5. El cielo está completamente cubierto. Está totalmente __________________________ (lluvioso/ventoso/nublado).

Expresar opinión, gustos y preferencias

- Me encanta
- Me gusta
- Me fascina
- Me vuelve loco/a
- Amo

- Prefiero
- Creo que
- Pienso que
- Me parece que
- Me da igual
- Me da lo mismo
- Estoy de acuerdo

- No me gusta
- No me gusta (para) nada
- No soporto
- No tolero
- No estoy de acuerdo
- Odio

Responde según tus gustos y preferencias personales. 

Ejemplo:

¿Te gusta el verano? *Sí, me gusta el verano, pero prefiero el invierno porque me encanta esquiar.*

1. ¿Prefieres viajar en verano o en primavera?
   ____
2. ¿Te gusta la lluvia?
   ____
3. ¿Te gustan las redes sociales?
   ____
4. ¿Qué piensas de la gente que siempre está con su teléfono en la mano?
   ____
5. ¿Piensas que es bueno que los niños tengan acceso a tabletas y teléfono desde muy pequeños?
   ____
6. ¿Prefieres leer o escuchar un libro?
   ____
7. ¿Qué deportes prefieres y por qué?
   ____

REPASO

1. ¿____________________ (cerrar/yo) la ventana?
2. ¿Puedes ____________________ (calentar) agua para hacer un té por favor?
3. Si ____________________ (atravesar) el parque llegamos más rápido.
4. ____________________ (preferir/yo) estudiar por la mañana.
5. (Conozco/Sé) ____________________ a Ramón.
6. ¿(Conoces/Sabes) ____________________ a qué hora termina esta clase?
7. ____________________ (dar/yo) muchos regalos a mis sobrinos.
8. ¿____________________ (poner/yo) los libros en el armario?
9. ________________ (salir/yo) a caminar todas las mañanas y ________________ (traer) el desayuno para mi familia.
10. Si ____________________ (hacer) frío, lleva una chaqueta.
11. Oscar ____________________ (querer) tener todo preparado para esta noche.
12. Mariana ____________________ (ir) a hornear la torta para la reunión.
13. ¿____________________ (hacer) mucho frío?
14. En invierno ____________________ (nevar) muchísimo.
15. ¿Crees ____________________ es una buena idea?
16. ¿Viven ____________________ Buenos Aires o ____________________ Lima?
17. ¿Por qué tienen que ____________________ (traducir) esos documentos?
18. El grupo ____________________ (construir) casas para familias de bajos recursos.
19. ¿Hay mucho ____________________? *¡Sí, está muy ventoso!*

PARTE 4

Presente continuo: verbo estar + gerundio

Usos

El presente continuo nos dice que la acción ocurre al momento de hablar.

Ejemplo:

Yo estoy mirando la televisión (ahora).

Pero también puede expresar que una acción sucede regularmente en estos días y no necesariamente en este momento.

Ejemplos:

Valeria está tomando clases de cocina. Ella va los martes y jueves a clase de cocina.

Agustín está estudiando para ser veterinario. Va a la universidad tres veces por semana.

Una acción transitoria.

Ejemplo:

Estoy viviendo en Austria.

Formación

Yo	estoy			
Tú	estás			
Vos	estás	ESTUDI~~AR~~	ANDO	ESTUDIANDO
Él/ella/usted	está			
Nosotros/as	estamos	COM~~ER~~	IENDO	COMIENDO
Vosotros/as	estáis			
Ustedes	están	VIV~~IR~~	IENDO	VIVIENDO
Ellos/as	están			

El gerundio se forma sacando la raíz del verbo 'ar', 'er' o 'ir' y agregando 'ando' para los verbos terminados en 'ar' e 'iendo' para los verbos terminados en 'er' y en 'ir'.

Verbos regulares terminados en AR como AMAR:

AM~~AR~~ + ANDO AMANDO

Verbos regulares terminados en ER como COMER:

VEND~~ER~~ + IENDO VENDIENDO

Verbos regulares terminados en IR como VIVIR:

PART~~IR~~ + IENDO PARTIENDO

Completa los espacios en blanco con el verbo estar.

1. Yo ________________ estudiando inglés.
2. Vos________________ preparando la cena.
3. Tú ________________ comiendo una pizza.
4. María ________________ viviendo en Colombia.
5. Nosotros ________________ cantando una canción de Shakira.
6. Ustedes ________________ jugando a las cartas.
7. Mónica y Carlos ________________ durmiendo la siesta.
8. Vosotros ________________ mirando la televisión.
9. Daniel ________________ comprando el postre.
10. Mis padrinos ________________ volando hacia Londres en este momento.

Algunos verbos irregulares

DECIR	DICIENDO
DORMIR	DURMIENDO
MENTIR	MINTIENDO
MORIR	MURIENDO
PEDIR	PIDIENDO
PODER	PUDIENDO
PREFERIR	PREFIRIENDO
REÍR	RIENDO
REPETIR	REPITIENDO
SEGUIR	SIGUIENDO
SENTIR	SINTIENDO
SERVIR	SIRVIENDO
VENIR	VINIENDO
VESTIR	VISTIENDO

Si la raíz termina en vocal lo formamos de la siguiente manera:

LEER	LE-~~ER~~	+	YENDO	LEYENDO
CAER	CA-~~ER~~	+	YENDO	CAYENDO
CONSTRUIR	CONSTRU-~~IR~~	+	YENDO	CONSTRUYENDO
OÍR	O-~~ÍR~~	+	YENDO	OYENDO
TRAER	TRA-~~ER~~	+	YENDO	TRAYENDO

El gerundio del verbo IR es yendo.

Ejemplo: Estoy yendo a la casa de mi madre.

Completar los espacios en blanco con el verbo estar + gerundio.

1. ¿Qué ____________________ (hacer/tú)?

2. Yo____________________ (dormir) la siesta.

3. ¿Qué libros____________________ (leer/ustedes) estos días?

4. ¿_________________ (mintiendo/vos) *¡No, _________________ (decir/yo) la verdad!*

5. _________________ (escuchar/nosotros) una nueva canción.

6. Me _________________ (servir) un café, ¿quieres uno?

7. El padre _________________ (vestir) a los niños.

8. ¡_________________ (morir/yo) de hambre!

9. Elena _________________ (venir) para acá.

10. ¿ _________________ (llamar/tú) a la pizzería?

Escribe el gerundio de los siguientes verbos.

Estudiar:	_______________	Pensar:	_______________
Ser:	_______________	Tener:	_______________
Leer:	_______________	Caer:	_______________
Dormir:	_______________	Morir:	_______________
Poder:	_______________	Reír:	_______________
Servir:	_______________	Mentir:	_______________
Decir:	_______________	Seguir:	_______________
Oír:	_______________	Traer:	_______________
Ir:	_______________	Venir:	_______________
Vivir:	_______________	Pedir:	_______________

Escribe el verbo 'estar' + la forma del gerundio del verbo dado.

1. Marta_________________________ (cocinar) un pollo con papas.

2. Por la mañana _________________________ (tomar/yo) una clase de costura.

3. Los jueves _________________________ (ir/él) a aprender a manejar.

4. Nosotros ______________________ (dormir) en la casa de mis padres por unos días.

5. Mi hija ______________________ (leer) todo el día.

6. Tomás ______________________ (ir) a su casa.

7. El grupo de la iglesia ______________________ (construir) una casa para madres solteras.

8. ______________________ (traer/yo) la torta para que la pruebes.

9. ¿Qué ______________________ (hacer/ustedes)?

10. Mi esposo y yo ______________________ (pensar) en ir a Venezuela este verano.

11. Tú ______________________ (mejorar) mucho.

12. Te ______________________ (ofrecer/yo) ayuda.

13. Ana ______________________ (explicar) el problema.

14. ______________________ (pagar/ellos) ahora.

15. Miguel siempre ______________________ (mentir).

Verbos reflexivos

☞ *Lectura.*

Mi rutina diaria.

Me despierto todos los días a las 6 de la mañana, pero me levanto a las 6:15. Lo primero que hago es preparar el desayuno para mi familia. Después, despierto a mis dos hijos y nos sentamos todos juntos a desayunar.

Cuando terminamos de desayunar, me ducho. Mientras yo me ducho, mi marido se lava los dientes y después se afeita. Una vez que yo termino de ducharme, él se ducha y yo me peino y me seco el pelo.

Luego, me visto y visto a mis hijos.

Antes de salir para la oficina, me maquillo mientras mi marido se viste.

A las 8 llevamos a los chicos al colegio y después vamos a trabajar. Los dos trabajamos de 9 a 18 hs. Alrededor de las 6:30, mi marido me pasa a buscar y volvemos juntos a casa.

Cuando llegamos a casa, jugamos un rato con los chicos y más tarde preparo la cena. Después de comer, baño a mis hijos y me preparo para ir a la cama. Me pongo el pijama y me acuesto. A veces miramos la tele, a veces leemos y después nos dormimos.

¿Qué es un verbo reflexivo?

Un verbo es reflexivo cuando el sujeto que realiza la acción (Ana) y el objeto que recibe la acción (Ana) es el mismo.

Ejemplo: Ana se peina.

En un verbo no reflexivo, por ejemplo, comer:

Ejemplo: Ana come carne.

Ana realiza la acción (comer), pero el objeto es otro (carne).

Los verbos reflexivos siempre requieren de un pronombre reflexivo que depende de cada persona.

Verbo BAÑARSE

Yo	ME	baño
Vos	TE	bañás
Tú	TE	bañas
Ella/él/usted	SE	baña
Nosotros/as	NOS	bañamos
Vosotros/as	OS	bañáis
Ustedes	SE	bañan
Ellos/as	SE	bañan

Ubicación de los pronombres

Si es el único verbo de la oración:

(Yo) *me llamo* Julieta. ¿(Tú) cómo te llamas?

Me llamo Patricia y ella se llama Marta.

¿Marisa *se lava* el pelo todos los días?

No, (ella) *se lava* el pelo día de por medio.

¿Tu esposo *se afeita* los fines de semana?

Mi esposo no *se afeita* nunca, tiene barba.

¿Cuándo *se van* ustedes de vacaciones?

(Nosotros) *nos vamos* el fin de semana que viene.

¿(Vosotros) cuándo *os vais?*

Nos vamos el 3 de enero.

Como vemos en los ejemplos anteriores, conjugamos el verbo reflexivo como cualquier otro verbo: llamo, lava, afeita y van. Como son verbos reflexivos, tenemos que declinar el pronombre según corresponda. Si omitimos los pronombres o usamos el pronombre equivocado, podemos cambiar el significado de la oración.

Presten atención a los siguientes ejemplos:

1. Él se ducha.
2. Él me ducha. 

En el ejemplo 1, tenemos tres elementos en tercera persona del singular:

Él: pronombre personal en tercera persona del singular.

Se: pronombre reflexivo en tercera persona del singular.

Ducha: verbo conjugado en tercera persona del singular.

En el ejemplo 2, tenemos dos elementos en tercera persona del singular (él y ducha), pero el pronombre no. Esto quiere decir que el 'objeto' de esta oración es otro, diferente al sujeto y por lo tanto, no es un verbo reflexivo.

Ubicación de los pronombres reflexivos

¿Recuerdan lo que es una perífrasis verbal? Es cuando tenemos más de un verbo: uno conjugado y otro en infinitivo o gerundio con un solo significado.

Por ejemplo:

Estoy bailando (estar conjugado + bailar en gerundio)

Quiere comer (querer conjugado + comer en infinitivo)

Vamos a salir (ir conjugado + salir en infinitivo)

Tienen que estudiar (tener conjugado + estudiar en infinitivo)

Lo mismo podemos hacer con verbos reflexivos, pero tenemos que agregar el pronombre reflexivo.

El pronombre reflexivo puede ir delante de un verbo conjugado o detrás de un infinitivo o gerundio formando una sola palabra. Por ejemplo:

Delante del verbo conjugado	Detrás del verbo en infinitivo o gerundio
Me tengo que lavar.	Tengo que lavarme.
Te quieres levantar.	Quieres levantarte.
Se va a afeitar.	Va a afeitarse.
Nos estamos maquillando.	Estamos maquillándonos.
Os estáis peinando.	Estáis peinándoos.
Se pueden vestir.	Pueden vestirse.

Algunos verbos reflexivos comúnmente usados

- Afeitarse
- Bañarse
- Cepillarse
- Cortarse
- Despertarse
- Desvestirse
- Dormirse
- Ducharse
- Lavarse
- Levantarse
- Peinarse
- Ponerse
- Prepararse
- Sacarse
- Secarse
- Sentarse
- Sentirse
- Vestirse

Responde las siguientes preguntas. 

Ejemplo: ¿A qué hora te despiertas?
Me despierto a las 7 de la mañana.

1. ¿A qué hora te despiertas?
____
2. ¿A qué hora te levantas?
____
3. ¿Te duchas todos los días?
____
4. ¿Te lavas la cara por la mañana?
____
5. ¿Te cepillas los dientes por la mañana y por la noche?
____
6. ¿Te vistes antes o después de desayunar?
____
7. ¿Te peinas antes de salir?
____
8. ¿Te afeitas una vez por semana?
____
9. ¿Te maquillas todos los días?
____
10. ¿Te pones una chaqueta en invierno?
____

Escribe tu rutina usando algunos de los siguientes verbos: despertarse, levantarse, ducharse, desayunar, cepillarse, maquillarse, afeitarse, vestirse, secarse, lavarse, etc.

Por ejemplo: *Los días de semana me despierto a las 6 de la mañana, me ducho...*

____

____

____

____

____

____

____

____

____

____

____

____

____

____

____

____

Completar los espacios en blanco con el verbo dado.

1. Luis ________________ (despertarse) a las 6, pero ________________ (levantarse) a las 6.20.
2. Lucas ________________ (mirarse) al espejo 10 veces por día y ________________ (arreglarse) el pelo cada vez que lo hace.
3. No ________________ (acostumbrarse/yo) a vivir aquí.
4. Yo ________________ (cortarse) las uñas una vez por semana.
5. ¿Tú ________________ (sentirse) bien hoy?

6. Pamela no ________________ (maquillarse) nunca.

7. Mi padre no ________________ (afeitarse) hace 10 años.

8. Nosotros ________________(divertirse) cuando visitamos a los abuelos.

9. ¿Ustedes ________________ (irse)?

10. Nosotros ________________ (quedarse) hasta el lunes.

Completa el espacio en blanco con el verbo dado.

1. Mañana tenemos que ________________ (levantarse/nosotros) a las 5 porque tenemos que estar en el aeropuerto a las 6.30.

2. El lunes quiero ________________ (lavarse/yo) el pelo porque tengo que ir a la peluquería.

3. Vamos a ir a la estación de tren. Vamos a ________________ (despedirse/ nosotros) allí.

4. ¿Realmente tienes que ________________ (irse/tú) esta noche? ¿No puedes ________________ (quedarse/tú) hasta mañana?

5. Mariano, no tienes que ________________ (afeitarse) todos los días porque te irrita mucho la piel.

6. Estoy muy cansada, voy a ________________ (acostarse/yo) en 5 minutos.

7. ¡Chicos si van a salir tienen que ________________ (ponerse/ustedes) una chaqueta, hace mucho frío!

Completa el espacio en blanco con el verbo dado.

1. ¿A qué hora ____________________ (despertarse/tú)?

2. ____________________ (acostarse/yo) a las 11 todos los días.

3. ¿Cómo ____________________ (llamarse) ellos?

4. Nicolás ____________________ (afeitarse) cada 2 días.

5. Marta ____________________ (peinarse) 6 veces por día.

6. Hoy ____________________ (levantarse/nosotros) tarde.

7. Los chicos ____________________ (lavarse) las manos antes de cenar.

8. Lara ____________________ (maquillarse) en la oficina.

9. ¿____________________ (secarse) el pelo con secador?

10. Oscar siempre ____________________ (vestirse) elegante.

Completa el espacio en blanco con el verbo dado.

1. Tengo que __________________ (levantarse) temprano.

2. ¿Quieres __________________ (ducharse) ahora?

3. Chicos, tienen que __________________ (lavarse) las manos.

4. Preferimos __________________ (despertarse) después de las 9.

5. ¿Vas a __________________ (cepillarse) el pelo?

6. ¿Podemos __________________ (irse) con ustedes?

7. ¡Tienes que __________________ (vestirse) ya mismo, es tarde!

8. Vamos a __________________ (cambiarse) la ropa otra vez.

9. Me gusta __________________ (ponerse) crema después de bañarme.

10. Nos molesta __________________ (irse) tan rápido.

Completa el espacio en blanco con el verbo dado. Estar + gerundio.

1. Sebas y yo estamos __________________ (irse) ahora mismo.

2. Estoy __________________ (ducharse).

3. Ana está __________________ (maquillarse).

4. Mi papá está ___________________ (afeitarse).

5. Mi mamá está ___________________ (vestirse).

6. ¿Estás ___________________ (cepillarse) el pelo?

7. Estamos ___________________ (lavarse) las manos.

8. Estoy ___________________ (cortarse) las uñas.

9. Están ___________________ (despedirse) en el aeropuerto.

10. María está ___________________ (olvidarse) su paraguas.

<u>*Completa los espacios en blanco como en el ejemplo.*</u>

Ejemplo: *Me voy a lavar la cara.*

1. ________tengo que ___________________ (levantarse) temprano.

2. ¿________quieres ___________________ (ducharse) ahora?

3. Chicos, ________tienen que ___________________ (lavarse) las manos.

4. ________preferimos ___________________ (despertarse) después de las 9.

5. ¿________vas a ___________________ (cepillarse) el pelo?

6. ¿________podemos ___________________ (irse) con ustedes?

7. ¡________tienes que ___________________ (vestirse) ya mismo, es tarde!

8. ________vamos a ___________________ (cambiarse) la ropa otra vez.

9. ________están ___________________ (despedirse) en el aeropuerto.

10. ________estamos ___________________ (lavarse) las manos.

11. ________está ___________________ (secarse) el pelo.

12. ________está ___________________ (ponerse) la chaqueta.

Completa el texto con los verbos que correspondan.

Por lo general, yo ____________________ (despertarse) a las 7. Voy al baño, ____________________ (lavarse) la cara y ____________________ (cepillarse) los dientes.

____________________ (sacarse) el pijama y ____________________ (ducharse). Siempre que ____________________ (ducharse) ____________________ (lavarse) el pelo.

Cuando termino, ____________________ (ponerse) una bata de toalla así no tengo que ____________________ (secarse). ____________________ (ponerse) una toalla en la cabeza para secarme el pelo.

Luego, ____________________ (peinarse) y ____________________ (maquillarse).

____________________ (vestirse) en la habitación porque generalmente ____________________ (cambiarse) de ropa varias veces antes de salir. ¡Nunca sé qué ____________________ (ponerse)!

REPASO

1. ¿Cómo ____________________ llamas tú?

2. ¿A qué hora ____________________ (despertarse) tu marido?

3. No ____________________ (afeitarse/yo) hace tres meses.

4. Yo ____________________ estudiando francés porque el año próximo vamos a Francia.

5. ¿Ustedes ____________________ (lavarse) los dientes hoy?

6. Ellos ____________________ (acostarse) muy tarde y ahora están cansados.

7. Hoy tengo que ____________________ (maquillarse) porque van a sacar fotos para la página web de la compañía.

8. Mis hijos están ____________________ (ir) a la casa de sus abuelos en este momento.

9. ¿Tienes tiempo para ____________________ (cortarse) el pelo a mí hoy?

10. ¿Cómo ____________________ (llamarse) tus sobrinos?

11. ¿Van a ____________________ (levantarse/ustedes)?

12. Comer, comiendo; dormir ____________________; mentir, ____________________ e ____________________, yendo.

13. Mis hermanos ____________________ (irse) mañana por la mañana.

14. ¡Estoy ____________________ (ducharse), después te llamo!

15. Los primos de Isabel no ____________________ (acordarse) de Claudia.

16. ¿Por qué ____________________ (peinarse/vosotras) así?

17. Hay que ____________________ (lavarse) las manos antes de comer.

18. Usted ____________________ (tener que/lavarse) las manos antes de comer.

PARTE 5

De compras

☞ ***Diálogo***

En una tienda…

C= cliente

V= vendedora

C: Hola.

V: *Buenos días. ¿La puedo ayudar en algo?*

C: Si, ¿podría ver el pantalón azul que está en vidriera?

V: *Sí, como no. ¿En qué talle?*

C: 32 por favor.

V: *Enseguida se lo traigo.*

C: Gracias.

V: *Aquí lo tiene.*

C: ¿Puedo probármelo?

V: *Claro, por allí están los probadores.*

C: Muy amable.

…

V: *¿Le queda bien?*

C: Creo que son chicos. ¿Podría traerme un talle más grande, por favor?

V: *Ya se lo traigo.*

…

V: *Acá está.*

C: Muchas gracias.

…

C: Este talle me queda bien. Voy a llevar este.

V: *¿Desea ver algo más?*

C: Sí, quiero ver las polleras.

V: *Están por allá, al fondo a la derecha.*

C: ¿Cuánto cuesta esta falda?

V: *Esa sale 120 pesos.*

C: ¿Y esta, a cuánto está?

V: *Esa está a 145 pesos.*

C: Bueno, voy a llevar esta blanca para mi madre. ¿La tiene en talle 38?

V: *Sí. ¿La envuelvo para regalo?*

C: Sí por favor.

V: *¿Paga en efectivo o con tarjeta?*

C: Con tarjeta de débito.

V: *¿Puede pasar la tarjeta por ahí, por favor?*

C: ¿Así?

V: *Sí, gracias.*

...

V: *Aquí tiene su ticket, la pollera y el pantalón. Que tenga un buen día.*

C: Igualmente, adiós.

☞ ***Vocabulario:***

1. Gorra
2. Calcetín, media
3. Pantalones
4. Gorro, boina
5. Traje de baño, bañador
6. Falda, pollera
7. Ojota, chancleta, chancla
8. Gafas, anteojos
9. Reloj
10. Camisa
11. Vestido
12. Camiseta
13. Camiseta sin mangas
14. Bóxer, calzoncillos
15. Sombrero
16. Zapatos de taco, de tacón
17. Corbata
18. Bufanda
19. Chaqueta, chamarra
20. Sostén, sujetador, corpiño
21. Jersey, suéter, pulóver
22. Corbatín, pajarita, lacito

23. Shorts, pantalones cortos
24. Ropa interior
25. Cartera, bolso, bolsa
26. Botas
27. Guantes, mitones
28. Zapatillas, tenis
29. Cinturón
30. Bikini

Otros

- Traje
- Zapatos
- Sandalias
- Blusa
- Abrigo
- Chaleco

Para preguntar el precio

Diferentes formas de decir lo mismo

¿Cuánto cuesta ese pantalón?	*Cuesta $20.*
¿Cuánto sale esa camisa?	*Sale $39.*
¿Qué precio tiene ese vestido?	*$56.*
¿A cuánto está aquella remera?	*Está a $43.*

El talle/la talla:

¿Cuál es su talle?	*Mi talle es 34.*
¿Qué talle tiene?	*38.*
¿Qué talle es?	*Soy un 42.*
¿Cuánto calza?	*36.*

Adverbios

Adverbios de lugar

Los adverbios de lugar agregan información a la pregunta ¿dónde?

Por acá por favor.

Aquí está el documento.

El baño está por allá.

Los vestidos están por allí.

¿Dónde están tus llaves? *Ahí, arriba de la mesa.*

Adverbios de tiempo

Los adverbios de tiempo agregan información a la pregunta ¿cuándo?

Queremos verte ya.

¿Puedes llamar a mi secretaria, por favor? *Sí, enseguida la llamo* = *en seguida la llamo.*

Otros adverbios de tiempo:

Ahora, luego, después, antes, hoy, siempre, nunca, etc.

Escribir 6 oraciones con adverbios de tiempo y de lugar. SUBMIT FOR REVIEW

____

____

____

____

____

____

Verbo quedar

El pantalón me queda bien.

¿Cómo te queda la pollera?

La pollera me queda grande. Necesito un talle más chico.

¿Cómo te quedan los zapatos?

Creo que me quedan chicos.

El verbo 'quedar' tiene muchos significados. En este caso se conjuga como el verbo 'gustar'.

Me queda bien el vestido.	Singular: el vestido
Me quedan bien los zapatos.	Plural: los zapatos
Te queda bien el color azul.	
Te quedan bien los colores claros.	

Más ejemplos con el verbo QUEDAR.

El pantalón me queda bien. Es mi talle.

El vestido te queda mal. Es muy grande para ti.

Los guantes le quedan chicos. ¡Sus manos son muy grandes!

Estos zapatos le quedan chicos, necesita un número más grande.

¡Qué lindo te queda ese color!

¿Nos queda bien el uniforme de trabajo?

¡Esas chaquetas les quedan muy grandes!

Esa falda le queda muy corta a María.

Completar los espacios en blanco con el verbo quedar.

1. Estos colores no ____________________ a mí, prefiero colores más oscuros.
2. Creo que el pantalón verde ____________________ mejor a ti, el azul es demasiado grande.
3. ¿Cómo ____________________ el vestido, señora?
4. Las botas ____________________ (nosotros) bien, vamos a llevar los dos pares.
5. Mi hija necesita un talle más grande, la pollera ____________________ un poco corta.
6. Señor, la camisa ____________________ muy bien.
7. ¿Te gusta la blusa? *Sí, me gusta, pero no* ____________________ *bien.*
8. ¡La camiseta ____________________ (a ti) tan bien!

¿Qué ropa te queda siempre mal? SUBMIT FOR REVIEW

____

____

____

____

____

____

____

____

____

¿Qué tienes puesto hoy?

SUBMIT FOR REVIEW

____

____

____

____

____

____

____

____

____

____

Completar los espacios en blanco con la palabra que mejor complete la oración.

efectivo, enseguida, cómo, talle, cuesta, aquella, queda, grande, aquí, allí

1. ¿Cuánto ______________ la camisa blanca?
2. Me gusta ______________ blusa.
3. ¿Cuál es su ______________? *32.*
4. Este vestido me ______________ mal.
5. ¿______________ te queda la falda? *Me queda bien.*
6. ¿Podría ver el pantalón blanco? *Sí,* ______________ *se lo traigo.*
7. ¿Podría traerme un talle más ______________ , por favor? Este es muy pequeño para mí.
8. ______________ tiene sus zapatos.
9. ¿Dónde están los probadores? *Por* ______________ *a la derecha.*
10. ¿Puedo pagar en ______________? *Sí claro, no hay problema.*

Elige la opción correcta.

1. Mi pantalón es (azul/azules).
2. La camiseta es (blanco/blanca).
3. Tu corbata es (gris/grises).
4. El vestido es (naranjo/naranja).
5. Esta blusa es (amarilla/amarillo).
6. Las botas son (marrón/marrones).
7. El suéter es (violeta/violeto).
8. Estos zapatos son (plateado/plateados).
9. Su chaqueta es (negra/negro).
10. La falda es (turquesa/turquesas).

Estoy enfermo

☞ ***Diálogo***

En el consultorio.
P = Paciente *R = Recepcionista* *Dr. = Doctor*

P: Buenos días, tengo un turno con el Dr. Sanz.

R: *¿Cuál es su nombre?*

P: Sebastián Sastre.

R: *Ah, sí, a las 10. Pase por favor, el Dr. lo está esperando.*

P: Muchas gracias.

P: Hola Dr. ¿Cómo le va?

Dr.: *Muy bien, gracias. ¿Qué lo trae por acá?*

P: Desde hace unos días me duele mucho la rodilla.

Dr.: *¿Practica algún deporte?*

P: Si, juego al fútbol y al golf.

Dr.: *Bueno, vamos a revisarlo. Antes necesito que responda unas preguntas para poder completar esta planilla con sus datos.*

Apellido: Sastre	Nombre: Sebastián	Segundo nombre: Marcos	Edad: 42 años
Fecha de Nacimiento: 22/4/78	Sexo: (Masculino/) Femenino Categoría de género adicional: ____________	Estado Civil: (soltero), casado, divorciado, viudo, otro	Seguro médico: (Si) No
Dirección Postal: Arenales 1253	Estado o provincia: La Pampa	Código Postal: 18903	Teléfono: 45678988
Razón de la visita: me duele mucho la rodilla	¿Toma algún medicamento? No	Ocupación: Empleado	Otra información relevante:
Contacto de emergencia: Ana Paz	Tipo de relación: madre	Teléfono: 452782847	Correo electrónico:

CUESTIONARIO DE ANTECEDENTES MÉDICOS

Nombre: ______________________ Edad: ___________

Fecha de nacimiento: ___________________ Fecha: ________________

Marque todo lo que tiene o ha tenido:

- ☐ Papanicolaou anormal
- ☐ Abuso de alcohol o drogas
- ☐ Alergias
- ☐ Ansiedad o ataques de pánico
- ☐ Artritis
- ☐ Asma
- ☐ Problemas en la espalda
- ☐ Infección urinaria
- ☐ Coágulos de sangre
- ☐ Transfusión de sangre
- ☐ Enfermedad articular
- ☐ Huesos rotos
- ☐ Bronquitis
- ☐ Colesterol alto
- ☐ Colitis
- ☐ Depresión
- ☐ Diabetes
- ☐ Enfisema
- ☐ Estrés excesivo
- ☐ Glaucoma
- ☐ Dolores de cabeza severos
- ☐ Problemas de audición
- ☐ Ataque cardíaco
- ☐ Afecciones cardíacas
- ☐ Problemas pulmonares
- ☐ Malaria
- ☐ Meningitis
- ☐ Migraña
- ☐ Debilidad muscular
- ☐ Ataques de nervios
- ☐ Neumonía
- ☐ Polio
- ☐ Artritis reumatoide
- ☐ Convulsiones o epilepsia
- ☐ Enfermedades de transmisión sexual
- ☐ Infecciones en la piel
- ☐ Problemas para dormir
- ☐ Derrame cerebral
- ☐ Enfermedad de tiroides
- ☐ Tuberculosis
- ☐ Ulcera o gastritis
- ☐ Problemas en la vista
- ☐ Hernia de disco
- ☐ Hepatitis
- ☐ Herpes
- ☐ Presión arterial alta
- ☐ Leucemia
- ☐ Cálculos renales
- ☐ Problemas hepáticos
- ☐ Otro: ________________________

CARTILLA DE VACUNACIÓN		
Varicela	si	no
Hepatitis B	si	no
Influenza	si	no
Neumonía	si	no
Rubeola	si	no
Tétanos	si	no

Dr.: Creo que tiene una tendinitis.

P: *¿Es grave?*

Dr.: No, es una inflamación en un tendón.

P: *¿Y cómo se cura?*

Dr.: Lo voy a derivar a un kinesiólogo, con él va a hacer ejercicios especiales para la rodilla.

P: *¿Es caro?*

Dr.: No, lo cubre su obra social.

P: *¿Puedo jugar al fútbol mañana?*

Dr.: No, no practique deportes por un mes. Haga los ejercicios, vaya al kinesiólogo y si le duele mucho, tome estas pastillas. Acá tiene la receta para el calmante.

P: *Muchas gracias doctor, le agradezco mucho.*

Dr.: No es nada. Vuelva en un mes cuando termine el tratamiento con el kinesiólogo.

P: *Muy bien. Que tenga un buen día.*

Dr.: Muchas gracias, igualmente.

Para preguntar

¿Cuánto mides? ¿Cuánto mide?	*Mido 1,76 (un metro setenta y seis).*
¿Cuánto pesa? ¿Cuánto pesas?	*Peso 56 kilos.*
¿Tiene algún problema de salud?	*No tengo problemas de salud.*
¿Practica/hace deportes?	*Juego al fútbol.*
¿Fuma? ¿Fumas?	*Fumo diez cigarrillos por día.*

¿Qué le duele? ¿Qué te duele?	*Me duele la espalda. Me duelen las piernas.*
¿Tienes dolor muscular?	*Tengo un dolor en la pierna muy fuerte.*
¿Cómo se siente hoy? ¿Cómo te sientes hoy?	*Me siento bien/mal/mejor/peor/ igual que ayer.*

Dejar de + infinitivo ALTO

Ejemplos:

En una semana dejo de fumar.

Juan va a dejar de jugar al golf por dos meses.

Tienes que dejar de comer tantos chocolates si quieres adelgazar/perder peso/bajar de peso.

Completar los espacios en blanco con el verbo dejar.

1. Hoy ________________ (yo) de trabajar en la fábrica. ¡Es mi último día!
2. ¡Tienes que ________________ de comer tantos dulces!
3. Tenemos que ________________ de hablar en inglés. Elsa solo habla español.
4. Omar quiere ________________ de beber alcohol.
5. ¿Por qué ________________ de venir ella?
6. ¿________________ de hacer gimnasia, señora?
7. El médico dice que yo tengo que ________________ de jugar al tenis.
8. Yo ________________ mis estudios. No quiero estudiar más.

Verbo deber

Verbo 'deber' conjugado + infinitivo = expresa obligación.

Los médicos dicen que los niños deben beber leche materna.

Debes tomar dos pastillas por día.

Debo llevar las radiografías mañana a primera hora.

Ignacio debe dejar de fumar, su problema en los pulmones es muy serio.

Completar los espacios en blanco con el verbo deber.

1. Tú ________________ votar. Es necesario.
2. Jorge ________________ venir más temprano. Siempre llega tarde.
3. Amanda ________________ terminar su tarea antes de ir a jugar.
4. Yo ________________ responder unos emails antes de irme hoy.
5. Pareces cansado. ________________ dormir más.

¿Qué cosas debes hacer y qué cosas no para gozar de buena salud? SUBMIT FOR REVIEW

____

____

____

____

____

____

____

____

☞ ***Vocabulario:***

1. El pelo/el cabello
2. Los ojos
3. La boca
4. El cuello
5. El brazo
6. La mano
7. El pecho
8. El hombro
9. La nariz
10. La frente
11. La oreja
12. La pierna
13. La rodilla
14. El pie
15. Los dedos
16. Los dedos del pie
17. La garganta
18. La cintura
19. La cola/el trasero
20. La cara
21. El tobillo
22. El talón
23. El codo
24. La muñeca
25. La mejilla
26. La barbilla/el mentón

Completar el siguiente formulario con tu información personal.

Apellido: ________	Nombre: ________	Segundo nombre: ________	Edad: ________
Fecha de Nacimiento: ________	Sexo: Masculino/ Femenino Categoría de género adicional: ________	Estado Civil: soltero, casado, divorciado, viudo, otro	Seguro médico: Si No
Dirección Postal: ________	Estado o provincia: ________	Código Postal: ________	Teléfono: ________
Razón de la visita: ________ ________	¿Toma algún medicamento? ________	Ocupación: ________ ________	Otra información relevante: ________
Contacto de emergencia: ________	Tipo de relación: ________	Teléfono: ________	Correo electrónico: ________

Escribe las preguntas.

1. ____________________
   Mido 1.80.

2. ____________________
   Peso 90 kg.

3. ____________________
   No, en general no tengo ningún problema.

4. ____________________
   Me siento mejor.

5. ____________________
   Juego al golf.

6. ____________________
   Juego al golf dos veces por semana.

7. ____

Como 5 hamburguesas completas por día.

8. ____

Me duele la espalda.

¿Tiene una habitación disponible?

☞ ***Diálogo***

Por teléfono.

H = Huésped C = Conserje

C: Hotel "La cabaña" buenos días. ¿En qué puedo ayudarlo?

H: *Hola, buenos días. ¿Podría decirme si tiene habitaciones disponibles?*

C: Sí señor, ¿para qué fecha?

H: *Para los días 15, 16 y 17 de octubre.*

C: ¿Para cuántas personas?

H: *Somos 3 parejas y dos chicos de 7 y 12 años.*

C: ¿Entonces serían tres habitaciones dobles con cama matrimonial? ¿Los menores, son del mismo matrimonio?

H: *No, no son hermanos.*

C: Muy bien, déjeme ver...Serían tres habitaciones dobles, dos de ellas con una cama adicional. ¿Correcto?

H: *Sí, exacto.*

C: Mmm, tenemos disponible una sola habitación estándar doble. Tenemos disponibilidad, pero son habitaciones ejecutivas.

H: *¿Y cuál es la diferencia de precio?*

C: Bueno, la habitación estándar cuesta $ 350 y la ejecutiva $ 410.

H: *¿Y cuál es el valor de las camas adicionales?*

C: Las camas adicionales no tienen costo, son sin cargo.

H: *¿Qué servicios tiene la habitación?*

C: Las habitaciones tienen: aire acondicionado, calefacción, caja de seguridad, frigo

bar, teléfono, acceso a internet y televisión con cable.

H: *¿El desayuno está incluido en el precio de la habitación?*

C: Sí, está incluido en el precio y es un desayuno buffet.

H: *Excelente. ¿Podría hacer una reserva por teléfono?*

C: Sí, por supuesto. Necesito su nombre completo y los datos de una tarjeta de crédito.

H: *Mi nombre es Esteban Huerri.*

C: ¿Podría deletrear su apellido, por favor?

H: *H-u-e-r-r-i. Huerri.*

C: ¿Con qué tarjeta va a realizar la reserva?

H: *Con American. El número de la tarjeta es: 2354 563287 34561.*

C: ¿La fecha de vencimiento?

H: *Vence el 13 de mayo de 2020.*

C: Muy bien y por último necesito el código de seguridad.

H: *4591.*

C: Perfecto. Entonces son tres habitaciones dobles, una estándar, dos ejecutivas con dos camas adicionales para el 15, 16 y 17 de octubre ¿Correcto?

H: *Así es.*

C: Entonces, está hecha la reserva. ¿Puedo ayudarlo en algo más?

H: *No, eso es todo. Muchas gracias.*

C: Gracias a usted.

H: *Adiós.*

C: Hasta luego señor Huerri.

Para preguntar y hablar

¿En qué puedo ayudarlo? ¿Te puedo ayudar en algo?

El uso del gimnasio no tiene costo adicional/es sin cargo.

La entrada es gratis.

Pagamos en efectivo. Con tarjeta de crédito/débito. Con cheque. En cuotas.

Hacer una transferencia de cuenta a cuenta. Transferir dinero a una cuenta.

☞ ***Vocabulario:***

Tipos de alejamiento:

- Hotel (de una, dos, etc. estrellas)
- Hostal
- Albergue juvenil
- Caravana
- Camping

El hotel:

- Habitación sencilla o individual, doble, con baño
- La recepción, la o él recepcionista
- El ascensor, las escaleras
- La maleta
- El número de habitación
- La piscina
- El bar, el restaurante
- El gimnasio
- Internet

Verbos:

- Reservar
- Hacer una reserva
- Alquilar, rentar
- Estacionar, parquear, aparcar
- Pagar en efectivo/con tarjeta
- Desayunar
- Almorzar
- Cenar
- Cancelar
- Viajar por placer o por trabajo

Servicios:

- Desayuno incluido
- El almuerzo
- La cena
- Estacionamiento
- Aire acondicionado
- Calefacción

El uso de la preposición 'en'

Ejemplos:

Nos encontramos en el restaurante.

En Costa Rica hablan español.

En enero nos vamos de vacaciones.

En dos semanas viajamos a Chile.

En un mes estaremos en la playa.

Tengo una casa en las montañas.

Tomo un taxi en el aeropuerto.

Vamos a trabajar en auto, pero los viernes vamos en tren.

¡ATENCIÓN!

~~En lunes tengo clase de español.~~

El lunes tengo clase de español.

Frases preposicionales

A fin de:

A fin de noviembre viajamos a Europa.

¡A fin de año nos casamos!

A mediados de:

A mediados de julio vienen los tíos de visita.

A mediados de febrero nos vamos de luna de miel.

A partir de:

Podemos bajar a almorzar a partir de las 12 del mediodía.

A partir del 3 de enero voy a ser un hombre casado.

A tiempo de:

¿Estamos a tiempo de cancelar la reserva?

¿Estamos a tiempo de ir al museo o ya es tarde?

A eso de:

Nos vemos mañana a eso de las 10 de la mañana.

Te llamo a eso de las 6 cuando llego a casa.

¿Recuerdas como deletrear? Deletrea las siguientes palabras.

Reserva

Transferencia

Estacionamiento

Apellido

Vencimiento

Completar las oraciones con el siguiente vocabulario.

habitación, cenar, aire acondicionado, en, a, internet, fecha, con, a, de, precio, cancelar, efectivo, con, sin

1. ¿_______________ qué hora empiezan a servir el desayuno?
2. Quiero cambiar la _______________ de arribo para el 14 de diciembre.
3. Tengo una reserva y la quiero _______________.
4. ¿Puedo hacer una reserva en _______________ o necesito una tarjeta de crédito?
5. ¿Qué servicios tiene la _______________?
6. ¿Cuál es el _______________ de una habitación doble?
7. ¿Podemos _______________ en la cafetería o tenemos que ir al restaurante? *No, porque la cafetería cierra a las 4 de la tarde.*
8. Hace mucho calor en la habitación, creo que el _______________ no funciona bien.
9. ¿El acceso a _______________ es gratis o tiene algún costo adicional?
10. Vamos a pagar _______________ tarjeta de crédito.
11. El almuerzo es _______________ 12 a 2 de la tarde.
12. ¿_______________ qué puedo ayudarlo?
13. Muchas gracias. *Gracias* _______________ *usted.*
14. ¿El uso del gimnasio es con o _______________ cargo? *Es* _______________, *cuesta $50 por día.*

Escribir un diálogo reservando una habitación de hotel para 3 personas.

SUBMIT FOR REVIEW

____

____

____

____

____

____

____

____

____

____

____

Completar las siguientes oraciones con las preposiciones A, AL, EN y DE.

1. ¿_________ qué hora es la reunión?

2. ¿De qué hora _________ qué hora trabajas?

3. _________ eso de las 2 _________ la tarde te llamo.

4. _________ mediados de abril vamos a empezar a viajar a Bogotá una vez _________ mes por trabajo.

5. _________ marzo _________ mayo hay una feria de turismo a la que quiero asistir.

6. ¡_________ partir _________ mañana comienzo una nueva vida!

7. El médico dice que nuestro bebé va a nacer _________ fines de octubre.

8. Julián y Gastón van a vivir _________ Caracas por 2 años.

9. _________ 1492 Cristóbal Colón descubrió América.

10. ¿_________ dónde nos encontramos?

11. ¡_________ 15 días vamos a estar en Brasil!

En el aeropuerto

☞ ***Diálogo***

Partidas.

A = Aerolínea   P = Pasajero

A: Buenas tardes, señor.

P: *Buenas tardes. Necesito viajar de emergencia a Múnich, Alemania.*

A: ¿Cuándo?

P: *Lo antes posible, es una emergencia.*

A: Nuestro próximo vuelo es a las 22:45.

P: *¿Es directo?*

A: No, tiene dos escalas, una en Río de Janeiro y otra en Madrid.

P: *¿Cuánto dura el viaje en total?*

A: Incluyendo las escalas son catorce horas. Diez de vuelo.

P: *¿Y cuánto cuesta?*

A: ¿Sólo ida o ida y vuelta?

P: *El problema es que no sé cuándo voy a poder volver.*

A: El pasaje de ida solamente cuesta U$ 1896 con impuestos incluidos. Uno ida y vuelta sale U$ 1783.

P: *¿Si compro el pasaje de ida y vuelta, puedo cambiar el regreso?*

A: Sí, con este pasaje sí.

P: *Bueno, entonces quiero el regreso para dentro de diez días, saliendo hoy a la noche.*

A: ¿Su pasaporte?

P: *Aquí lo tiene.*

A: Gracias. ¿Prefiere ventana o pasillo?

P: *Me da lo mismo, lo que no quiero es el medio.*

A: ¿Tiene equipaje para despachar?

P: *Sí, tengo dos valijas. ¿Las puedo despachar ahora mismo?*

A: Sí, ¿puede ponerlas de a una en la balanza, por favor?

P: *¿Acá?*

A: Sí. Señor, esta valija pesa 27 kilos y el máximo es de 20 kg por valija. Lamentablemente, va a tener que pagar exceso de equipaje.

P: *¿Y cuánto es por kilo?*

A: Son U$ 12 por kilo. Sería en total U$ 84.

P: *Está bien, ¿puedo agregarlo a la tarjeta?*

A: Claro, no hay problema.

...

A: Bien, aquí está su pasaje. Su número de vuelo es el 2345. El embarque es a las 22:15 por la puerta 19. Recuerde que tiene que hacer migraciones y pasar por seguridad.

P: *Muy amable, le agradezco mucho.*

A: Buen viaje.

☞ ***Vocabulario:***

De viaje en el aeropuerto:

- El pasaporte
- El documento
- La documentación
- La licencia de conducir
- El equipaje
- El equipaje de mano
- La valija o la maleta
- La tarjeta de embarque
- La aduana
- Migraciones
- El pasaje o el billete de ida o de ida y vuelta
- Arribos y partidas
- La registración o facturación
- La visa o el visado

El vuelo:

- El avión o la aeronave
- La tripulación
- El/la asistente de vuelo
- La cabina
- El cinturón de seguridad
- El compartimiento
- La turbulencia
- El vuelo directo o con escalas
- La conexión
- El destino final
- El vuelo de cabotaje
- El número de vuelo
- En horario
- Retrasado o demorado
- La puerta de embarque
- La pista

El avión:

- El asiento
- La ventana, el pasillo
- Primera clase
- Clase turista
- La manta
- La almohada

Verbos:

- Hacer la cola o formar fila
- Despachar
- Abordar
- Aterrizar
- Despegar
- Pasar por seguridad
- Reclinar el respaldo del asiento
- Durar (la duración)

Para preguntar y hablar

¿Cuánto dura el vuelo?	El vuelo dura 14 horas.	El vuelo es de 14 horas.
¿Cuánto pesa cada valija?	Cada una pesa 20 kilos.	
¿Cuánto pesan tus valijas?	Entre las dos pesan 30 kilos.	

Decir si las siguientes oraciones son verdaderas o falsas y justificar cada respuesta.

1. El pasajero tiene que viajar a Alemania. V o F
2. El vuelo no tiene escalas. V o F
3. Compra un pasaje con retorno. V o F
4. Prefiere el asiento del medio. V o F
5. Despacha equipaje de mano. V o F
6. Paga el exceso de equipaje en efectivo y el pasaje con tarjeta. V o F

¡Felicitaciones! ¡Has terminado nivel 1!

¡Hagamos un repaso final!

Ejercicio de vocabulario. Completa los espacios en blanco con la palabra que mejor complete la oración.

1. ¿Ustedes viven en una casa o en un ____________________?
2. El hijo de mi tía es mi ____________________.
3. Hay manzanas rojas y ____________________.
4. Me despierto a las 7 de la ____________________y me acuesto a las 10 de la ____________________.
5. Esta casa no tiene suficiente luz porque no tiene ____________________grandes.
6. ¿Practicas algún ____________________? *Sí, juego al tenis.*
7. La mujer de mi hermano es mi ____________________.
8. ¿A qué hora tienes que estar en el ____________________? *A las 8, mi vuelo es a las 9.30.*
9. No me queda bien este ____________________, es muy ajustado.
10. Hola, buenos días, tengo un ____________________con el Dr. García a las 10 AM.
11. ¿Cuánto ____________________? *57 kilos.*
12. Buenos días, quiero reservar una ____________________para los días 12 y 13 de septiembre.
13. ¿Tú piensas que es cara una camisa que cuesta $10? ¡Eso es muy ____________________!
14. ¿Tu vuelo es directo o tiene muchas ____________________?

Completa los espacios en blanco con la preposición que corresponda: con, por, sin, de, a, en.

1. Yo trabajo ________ 7 de la mañana a 6 de la tarde.
2. ¿________ dónde eres?
3. Ahora no puedo hablar porque estoy ________ clase.
4. Son las 8 ________ punto.
5. Mi familia vive ________ Canadá.
6. Tengo clases 1 vez ________ semana.
7. ¿Vienes ________ auto o ________ autobús?
8. ¿________ dónde vienes a esta hora?
9. ¿A qué hora sales ________ tu casa para ir a la oficina?
10. Tengo muchas ganas ________ conocer a tu familia.
11. ¡Tienes que dejar ________ fumar hoy mismo!
12. ________ mí me gusta mucho este programa.
13. ¿Dónde están las llaves del auto? *Están ________ mi cartera.*
14. El teatro está cerca ________ la estación de tren.
15. ¿Conocen ustedes ________ mi novio?
16. ¿Paga ________ efectivo o ________ tarjeta de crédito?
17. Siempre voy de vacaciones ________ mis amigos.
18. Mi cumpleaños es ________ noviembre.
19. No puedes ir ________ los documentos.
20. ________ una semana vamos a estar en Jamaica.

21. Señora, ¿la puedo ayudar ________ algo?

22. ¿Cuánto cuesta? *Cuesta $15 ________ persona.*

23. ________ fin de año me mudo a Colombia.

<u>Completa los espacios en blanco con la palabra que mejor complete la oración.</u>

1.	¿Cuánto ______________ señor?	*Mido 1.80.*
2.	¿Cómo ______________ hoy, señor?	*Me siento mucho mejor, gracias.*
3.	¿Cuánto ______________ usted?	*Peso 67 kg.*
4.	¿Le duele la espalda?	*Sí, ______________ mucho.*
5.	¿______________ alergias?	*Sí, tengo alergia a los lácteos.*
6.	¿En qué ______________ ayudarlo?	*Quiero hacer una reserva.*
7.	¿Cómo va a pagar?	*Voy a pagar ______________ efectivo.*
8.	¿Dónde estás?	*Estoy ______________ casa.*
9.	Vamos ______________ autobús.	*No, vamos ______________ auto.*
10.	¿______________ cuándo conoces a Ana?	*______________ enero.*
11.	¿Cuándo comienzas a trabajar?	*______________ lunes próximo.*
12.	¿Trabajas ______________ la mañana?	*No, trabajo ______________ la tarde.*
13.	¿Nos encontramos ______________ el bar?	*No, mejor ______________ la esquina.*
14.	¿Qué vas a hacer ______________ enero?	*Voy a visitar a mis padres.*

15. ¿Compras pasaje de ida y _______________? *No, solo de ida.*

16. ¿Cuántas horas _______________ vuelo son? *Son 12 horas más o menos.*

17. ¿Cuánto dura el vuelo? _______________ *4 horas.*

18. ¿Cuánto _______________ cada valija? *10 kilos cada una.*

19. ¿El vuelo tiene _______________? *No, es directo.*

20. ¿Dónde prefiere sentarse? *Prefiero _______________.*

21. ¿Te gusta _______________ lugar? *No, vamos a ese de la esquina.*

22. ¿Dónde está el baño? *Por _______________.*

23. ¿Vienes a la fiesta? _______________ *mi hija está enferma, no.*

24. ¿Qué está haciendo Juan? _______________ *la tele.*

25. ¿Van todos los días al club? *No, _______________.*

26. Me aburre esta clase. *A mí también _____________.*

27. ¿Quieres _______________ a mis padres? *No, hoy no.*

28. ¿Dónde están mis anteojos? *Están _______________ de la mesa.*

29. ¿La mesa está adentro o _______________? *Está _______________ en el jardín.*

30. No puedo ver mis llaves. *Porque están _____________ del libro.*

31. ¿_______________ ustedes Boise? *No, ¿dónde es?*

32. ¿_______________ qué trabajas? *Soy arquitecto.*

33. ¿Doblo a la derecha? *No, dobla ______________.*

34. ¿Doblo a la derecha? *No, no dobles, continúa ______________.*

35. Maru, ¿por qué no te peinas? *¡Hoy no quiero __________!*

<u>*¿Qué hacen? Responde usando el presente y el gerundio como en el ejemplo.*</u>

Ejemplo a) *Habla por teléfono* b) *Está hablando por teléfono.*

1. ¿Qué hace Milagros?

a. ______________________________________

b. ______________________________________

2. ¿Qué hace Marcelo?

a. ______________________________________

b. ______________________________________

3. ¿Qué hace Rosa?

a. ______________________________________

b. ______________________________________

4. ¿Qué hace Nico?

a. ______________________________

b. ______________________________

5. ¿Qué hacen Manu y Juanjo?

a. ______________________________

b. ______________________________

Pon en orden las siguientes palabras formando oraciones con sentido.

1. dónde/de/son

____

2. clase/es/a/tu/hora/qué

____

3. qué/español/estudias/para

____

4. amigos/se/cómo/tus/llaman

____

5. padre/profesor/universidad/en/es/mi/la

____

6. vives/tiempo/hace/aquí/cuánto/que

____

7. trabajas/qué/de

____

8. cumpleaños/tu/es/cuándo

____

9. dedican/qué/a/se

____

10. hora/despiertan/qué/a/se

____

Responde las siguientes preguntas en forma completa (usando el verbo).

1. ¿A qué hora te despiertas?

____

2. ¿Qué vas a hacer más tarde?

____

3. ¿Cuál es tu pasatiempo preferido?

____

4. ¿Hablas otro idioma? ¿Cuál?

____

5. ¿De qué trabajas?

____

6. ¿Te gusta leer?

____

7. ¿Qué tipos de libro te gustan?

____

8. ¿Prefieres el verano o el invierno?

____

9. ¿Prefieres la playa o la montaña?

____

10. ¿Por qué estudias español?

____

REPASO

1. ¿____________________ dura el vuelo?
2. Tengo que viajar ____________________ emergencia.
3. ¿Cuánto ____________________? *Mido 1.79.*
4. Esteban nació ____________________ 1999.
5. ¿El vuelo es ____________________ o tiene escalas?
6. El médico dice que tengo que ____________________ de beber alcohol.
7. ¿____________________ es su nombre?
8. ¿____________________ te llamas?
9. ¿____________________ le queda la camisa?
10. ¿____________________ talle tiene?
11. ¿Qué ____________________ tiene ese vestido?
12. ¿____________________ vale?
13. ¿A ____________________ está ese chaleco?
14. Hola, buenos días. ¿____________________ ayudarla en algo?
15. ¿Paga en efectivo con ____________________ de crédito?
16. ¿____________________ el paquete para regalo?
17. ¡Qué bien ____________________ quedan los colores oscuros a ti!
18. Le ____________________ las piernas porque levanta pesas.
19. ¿Cómo ____________________ (sentirse) hoy, señora?
20. ____________________ (deber) beber algo ustedes.

Usa este cuadro para organizar los verbos irregulares.

e>i	e>ie	o >ue	uir >y	Yo irregular	Como 'gustar'
Competir	Ascender	Acordar/se	Construir	Aparecer	Aburrir
Despedir/se	Apretar	Almorzar	Concluir	Agradecer	Caer
Impedir	Atravesar	Apostar	Contribuir	Caer	Doler
Medir	Atender	Aprobar	Distribuir	Carecer	Encantar
Pedir	Advertir	Acostar/se	Incluir	Conocer	Faltar
Repetir	Calentar	Contar	Huir	Complacer	Fascinar
Reír	Cerrar	Colgar	Influir	Crecer	Interesar
Reñir	Confesar	Costar	Obstruir	Convencer	Molestar
Seguir	Convertir	Desaprobar		Conducir	Parecer
Servir	Defender	Demostrar		Distinguir	Picar
Vestir/se	Descender	Descontar		Dar	Preocupar
	Despertar/se	Dormir		Deducir	Quedar
	Divertir/se	Encontrar		Establecer	Salir
	Encender	Llover		Envejecer	
	Entender	Mostrar		Encoger	
	Gobernar	Morir		Hacer	
	Hervir	Morder		Humedecer	
	Herir	Mover		Inducir	
	Invertir	Poder		Merecer	
	Mentir	Probar		Obedecer	
	Negar	Recordar		Ofrecer	
	Nevar	Sonar		Poner	
	Pensar	Soñar		Proteger	
	Perder	Volver		Producir	
	Preferir			Reconocer	
	Querer			Recoger	
	Sugerir			Reducir	
	Sentir/se			Saber	
	Sentarse			Salir	
	Sembrar			Traer	
	Sugerir			Traducir	
	Tentar				
	Tender				
	Temblar				

Made in United States
Orlando, FL
11 December 2022